中國古代都城資料選刊

兩京新記輯校
大業雜記輯校

〔唐〕韋述 撰
〔唐〕杜寶 撰
辛德勇 輯校

中華書局

圖書在版編目(CIP)數據

兩京新記輯校/(唐)韋述撰;辛德勇輯校. 大業雜記輯校/(唐)杜寶撰;辛德勇輯校. —北京:中華書局,2020.1(2021.6重印)
(中國古代都城資料選刊)
ISBN 978-7-101-14205-1

Ⅰ.①兩…②大… Ⅱ.①韋…②杜…③辛… Ⅲ.①西安-地方史-史料-唐代②洛陽-地方史-史料-唐代 Ⅳ.①K294.11②K296.13

中國版本圖書館CIP數據核字(2019)第236278號

責任編輯:胡 珂

中國古代都城資料選刊
兩京新記輯校 大業雜記輯校
〔唐〕韋 述 〔唐〕杜 寶 撰
辛德勇 輯校
*
中華書局出版發行
(北京市豐臺區太平橋西里38號 100073)
http://www.zhbc.com.cn
E-mail:zhbc@zhbc.com.cn
北京瑞古冠中印刷廠印刷
*
850×1168毫米 1/32 · 8½印張 · 2插頁 · 130千字
2020年1月北京第1版 2021年6月北京第2次印刷
印數:3001-6000冊 定價:30.00元

ISBN 978-7-101-14205-1

兩京新記暨大業雜記輯校本再版序言

辛德勇

我做的這兩部古籍輯校本，即兩京新記輯校和大業雜記輯校，今在中華書局再版重印。中華書局方面囑咐我寫幾句話，説明一下相關的情況，所以我就來和讀者談談當年輯校這兩部古籍的緣由，同時再簡單談談這兩部書在中國古代都城相關載記中的地位。

兩京新記是唐人韋述在玄宗開元年間撰著的一部載述唐西東兩京亦即長安城和洛陽城地理建置的書籍。由於唐代的長安與洛陽都是承用的隋朝舊城，這部書中自然包含很多隋代的内容。本來兩京新記會幫助我們對隋唐兩朝的西東兩京取得很豐富也很具體的認識，可遺憾的是這部重要著述久已散佚不存，衹是通過各種形式保留下一部分片段，而且主要集中在西京長安部分，東都洛陽的内容，相對更少。

與專門記述長安、洛陽兩城的兩京新記不同，大業雜記是唐初人杜寶撰著的一部編年體史書，記述隋煬帝以迄隋末的史事，原書也早已散佚無存。由於隋洛陽城是在煬帝時期經營建造的，所以書中比較詳盡地載録了洛陽城的許多基本建置。這些内容，恰好可以對兩京新記業已闕佚的隋東都部分内容起到很好的補充作用，而且其作者杜寶是由隋入唐，比兩京新記作者韋述生年要早很多，因此其對隋代洛陽城的記載也就更具有原初性和可信性；同時，在目前所知的大業雜記佚文中，這部分關於洛陽城城市建置的内容又佔了很大比重。所以，我纔把大業雜記的佚文輯録出來，與兩京新記的佚文同時刊出，以供研治隋唐西東兩京者瞭解、利用。

當年我輯校這兩部古籍，是緣於在西安隨史念海先生學習中國歷史地理學時曾以隋唐西東兩京的城市建置作爲自己的博士學位論文選題，最終寫成的論文，題作隋唐兩京叢考。

選擇這個題目作博士學位論文，在很大程度上是出於無奈。這是因爲我隨史念海先生讀博士學位未久，即用很大精力幫助業師創辦中國歷史地理季刊，從中請刊號、應付告狀檢查、編稿發稿，一直到校印售書，主要由我一個人，前後持續數年。這實際上已經讓我無法潛心讀書，但學位和畢業的剛性需求，又逼使你不得不勉力爲之，對付出一篇畢業論文。不得已，衹好就自己平日讀書過程中稍有積累的方面，强自找出一個畢業論文的題目。於是，就選中了隋唐西東兩京的城市基本建置問題來混個「功名」。

從讀碩士學位時起，我就是在西安跟從史念海先生學習歷史地理學知識。歷史地理學，在很大程度上，可以説是一門區域的科學。它研究的是各個不同區域内各項地理要素在各個不同歷史階段的存在狀態及其在歷史進程中的變遷演化。西安，是所謂周秦漢唐諸朝的故都，緣於地利之便，使我在讀書過程中自然而然地對這一古都的城市建置等歷史地理問題産生了濃厚的興趣，並由古長安聯繫到與之密邇相關的古都洛陽，研讀相關文獻，做了一些基礎性的研究工作，其中就包括對隋唐西東兩京基本文獻的探討和對這兩座都城基本地理問題的考辨。這兩項工作密切相關，前者也可以説是後者的基礎。當我在無可奈何的情況下決定以後者爲基礎湊成博士論文之後，也就首先對兩京新記和大業雜記這兩種基本文獻做了比較系統的整理，並最終形成了現在大家看到的這兩種輯校本。

上面講的是這兩部輯校本的由來，下面再藉這個機會，談談兩京新記以及大業雜記中有關隋東都洛陽的内容在中國古代都文獻發展史上的地位。

中國古代關於都城以及其他城市内部建置狀況的書籍，大致經歷了下述演變過程。

第一個階段，大致是從戰國以來截止到東漢末期以前。在這一階段，相關著述，是以關於城市建設技術方法的書籍爲主，其代表性著述，就是漢書藝文志著録的國朝和宮宅地形。這兩部書籍，是被列在漢書藝文志的「數術略形法類」書籍之中。這類書籍的一項基本特徵，乃是「大舉九州之勢以立城郭室舍」，而所謂「九州之勢」，也就是山川土地的脈絡形勢，這是一種自然的存在。因此，我們可以説這類著述的性質，是根據自然地理的狀況來設計並且建造都城以及其他普通城邑。國朝和宮宅地形這兩部書雖然早已散佚不存，但現在保存在周禮當中的考工記，應該是一部與之性質相同的著述，從中還是可以比較清楚地看到這類書籍的大致情況。

第二個階段，大致從東漢末年開始，包括整個三國時期。這一時期的主代表性著述，是東漢末至曹魏期間出現的三輔黃圖。三輔黃圖的内容，是載述西漢都城長安及其近畿區域地理狀況的書籍，但對西漢長安城及其前身秦都咸陽城的記述，佔了很大一部分篇幅。對這部書，需要特别注意的是，它雖然已經超越了僅僅講述城市建設技術的早期階段，注重具體展示城市内部的重要地理建置，但書中所記述的内容，卻並不是本朝現實的狀況，而是業已過去了的前朝的歷史形態。若是藉用現在的學術術語來表示，衹能説這是一些歷史城市地理的内容，與現實無關。

第三個階段，從西晉時期開始，到唐代中期。西晉時期皇甫謐撰著的國都城記，性質雖然還與三輔黄圖大體相近，講的還是此前歷代帝王都邑的位置等城市地理的基本内容，但也正是從這一時期開始，關於城市地理的著述，其性質發生了一個明顯的改變，即這一時期以後涌現出來的大批書籍，主要是記述本朝當時的城市地理狀況。在西晉時期，由於都城設在洛陽，所以集中出現一大批記述這一城市地理建置的書籍，不過其中完整流傳到今天的衹有北魏陽衒之的伽藍記一書（伽藍記是這部書的本名，而所謂洛陽伽藍記衹是俗稱。關於這個問題，很早我就有了明確的認識，衹是一直無暇具體論説，以後將撰寫專文加以闡述）。

城市地理著述在東漢至西晉時期出現的這些變化，並不是一個孤立的偶然現象。中國古代地理文獻的整體情況，也與此同步，發生了一些重大變化——這就是記述各地政區設置和户口狀況等人文地理内容的文獻，由秦和西漢時期扃藏深宫而不容民間窺視，轉而在東漢時由班固通過漢書地理志的形式將歷史時期的相關内容公之於世；再到西晉時期，出現了諸如泰始郡國志、太康三年地記等一系列記述現實政區狀況的地理總志。這些都是中國古代地理學發展史上的重大轉折。在這一大背景下，更容易看清，上述城市地理著述、特别是都城地理文獻内容的變化，是具有深刻歷史原因的。

從三輔黄圖到伽藍記，這一階段的城市地理文獻，具有一個共同的特點，這就是其内容是以載述宫殿或寺院爲主，都是帝王或神祇居處的場所，很少涉及普通城市居民的生活空間。三輔黄圖儼如帝王宫殿簿籍，類似的著述如西晉佚名撰洛陽宫殿簿，竟直接以「宫殿簿」作爲書名；又如北魏陽衒之廟記，書名也已標明其内容應是以宗廟宫殿爲核心。至於伽藍記的書名，更直接標明書中記述的内容是以佛寺爲主。與陽衒之伽藍記類似的著述，在西晉以後，還有唐高宗龍朔元年纂輯的大唐京寺録等，書中的内容，當然主要是記述京師長安的寺院。

在這一背景下我們來看杜寶在唐代初年撰著的大業雜記，雖然這是一部編年體史書，記述隋東都洛陽並不是它的撰述宗旨，但作者在當時若是有所憑依，那麽，它所憑依的這部城市地理文獻，性質應與上述洛陽宫殿簿等相差無幾，而不會涉及多少城中普通居民的生活空間。

進入韋述所生活的唐玄宗時期，城市地理的著述，又一次發生了重大變化，這就是它在繼承漢末魏晉以來志宫殿、記寺院傳統的基礎上，第一次依照長安城整個城市的平面佈局狀况，系統記録了大量官員和商人等城市居民的住宅以及相關史事，向人們展示了一座城市的整體面貌，而不再僅僅列有帝王和神祇。城市地理的文獻，以這部書籍爲標誌，進入了一個全新的歷史階段。

清人官修四庫提要，評價北宋初年樂史撰著的太平寰宇記説：「其書採摭繁富，惟取賅博，於列朝人物，一一並登；至於題詠古蹟，若張祐（祜）金山詩之類亦皆並録。後來方志必列「人物」、「藝文」者，其體皆始於史。蓋地理之書，記載至是書而始詳，體例亦自是而大變」。這種説法，雖然不够十分精確，但對中國古代地理總志演變趨勢的判斷，即「地理之書，記載至是書而始詳，體例亦自是而大變」，這一論斷，可謂大致不誤。若是將以兩京新記爲代表的古代城市地理著述内容的變化與之並比，應該很容易看到這兩類著述演變的路徑和節奏是高度一致的，是世俗民間社會的内容是在同步增多。兩京新記和太平寰宇記兩相映襯，正體現出唐宋之間地理著述發展變化的總體趨勢，而這一趨勢又正與所謂「唐宋變革」同行並進。

二〇一九年九月十三日記

目次

兩京新記輯校

大業雜記輯校

兩京新記輯校

〔唐〕韋述　撰

辛德勇　輯校

兩京新記輯校前言

隋唐時代的長安城和洛陽城分别是這兩個朝代的西京和東京，時人合稱的「兩京」。這兩座規模空前的京城都始建於隋代，唐人承其遺規而續有改作。隋唐兩朝都有人撰作專著記述這東西兩京的城坊宫室建置情況，唐韋述所作兩京新記五卷，就是其中的集大成之作。

關於韋述的事蹟和兩京新記成書、流傳的經過，日本學者福山敏男的兩京新記解説一文已有詳細論述，今譯出附在本書前面，這裏就不再重爲敘説了。下面僅就本書的版本流傳情況和成書時間、在國内的散佚時間等幾個問題做一點補充説明。

兩京新記成書後頗受時人稱譽〔一〕，曾風行很長一段時間。直到北宋皇祐、熙寧間宋敏求在這本書的基礎上增删改訂，又分别撰寫出河南志和長安志兩書後〔二〕，由於兩京新記的主要内容已被吸收到長安志和河南志中，而且長安、河南兩志較之韋述記又增添了許多新的内容，司馬光稱「考諸韋記，其詳不啻十餘倍」，兩京新記就逐漸被長安、河南兩志所取代了〔三〕。從此流傳日少，最終亡佚。關於兩京新記在國内的散佚年代，以往未見明確的説法。過去的研究者都提到過明郎瑛七修類稿引述了一點兩京新記的内容，但因其「皆非徵引全節」〔四〕，並未引起注意。今案清曹元忠輯本中就從明吴道南秘笈新書輯得若干條新記佚文，新近發現的永樂大典卷三五一八、九真門制類下亦明確引有一段「韋述兩京記」的内容；胡震亨唐音癸籤卷三七談叢三也談到從兩京記等書中鈔録唐代帝王與群下唱和篇目的事。這可以證明兩京新記在明代還是有所流傳的。而清人則云其書「久已亡佚」（詳見福山敏男文）。因此，可以把兩京新記在國内的散佚時間大致定在明清之際這段時期内。

另一方面，根據日本寬平中成書的日本國見在書目録的著録，可知韋述兩京新記至遲在唐末已傳入日本。但是兩京新記原書五卷，日本國見在書目録著録的這個本子只有四卷，已不是足本。這個四卷殘本在日本也没有留傳下來，日本留傳至今的是尊經閣藏金澤文庫本。這是原書第三卷的一個殘闕不全的鈔本。日本寬政、文化間天瀑山人林述齋刊行佚存叢書時，根據轉鈔的「寫金澤文庫本」將這個殘卷收入叢書。兩京新記由此重又傳回中國。

佚存叢書本兩京新記殘卷傳入中國後，又先後被收入粤雅堂叢書和正覺樓叢書，光緒年間上海黄氏還有木活字排印本。進入民國以後，又有商務印書館影印佚存叢書本及叢書集成本。由於以上這些版本都出自佚存叢書本，而佚存叢書本一則傳鈔頗有舛誤；二則金澤文庫本原來是卷子本，卷子排列次序紊亂，佚存叢書刊刻時未經校訂，因此其中有嚴重錯簡和大量譌誤。上述這些版本中雖然有的也對佚存叢書本做有一些訂正，但工作十分有限。一九三六年，有兩部校訂本同時刊出。一是周叔迦在日本發表的訂正兩京新記；一是國内當時所謂「西京籌備委員會」鉛印的陳子怡作校正兩京新記。這兩種校本大同小異，主要都是就錯簡進行訂正，基本改正了佚存叢書本的絶大部分錯簡，但仍然存有個别錯誤。四十年代，岑仲勉又對兩京新記做了全面的校訂復原工作；一九四七年，在前國立中央研究院歷史語言研究所集刊第九本上刊出了兩京新記殘卷復原。岑仲勉的考訂工作花了很大工夫，參考了許多相關的文獻。應該説是根據佚存叢書本整理出來的一個最好的校本，從總體上來説，超過了周叔迦和陳子怡的校本。但由於周校本刊於日本，陳校本爲西安地方刊行，當時又正處於戰亂時期，所以岑仲勉没有能够見到周、陳兩種校本，以致書中個别地方存有一些比較嚴重的錯簡未能糾正，在這些地方反不及先出的周、陳二本。儘管周叔迦、陳子怡、岑仲勉三人都花了很大氣力來校訂兩京新記，但由於其底本佚存叢書本錯亂嚴重，仍有許多問題無法解決。

日本學者福山敏男一九五三年根據尊經閣藏金澤文庫卷子本作底本，對兩京新記殘卷做了全面考訂復原。福山敏男的工作包括三個方面的内容：（一）重新排列、拼接各卷子的銜接次序，消除了全部錯簡；（二）對原書涉及到的名物典故做了詳細的注釋；（三）對原書文字做了認真校訂。福山敏男是一位造詣甚深的學者，又有便得以利用原卷子本，他所作的校注兩京新記卷第三，是目前國内外的最佳校本。

除了從日本傳回的這個殘第三卷的節略本外，光緒二十一年曹元忠又以佚存叢書本爲主體，做了一個兩京新記全書的輯本，收在南菁札記中。這個輯本佚文收集得還是比較全面，但限於當時的條件，校訂工作做得十分粗疏。日本學者平岡武夫後來又做了一個兩京新記續拾，新輯出一些佚文，收在唐代の長安と洛陽資料篇中。不知出於什麽原因，兩説新記續拾重複收録了一些曹元忠輯本已有的佚文；又有三條出自説郛的佚文，則應屬誤收。這三條佚文出自涵芬樓本説郛卷四，題作兩京雜記。説郛在西京雜記題下原收有六條，不知是爲什麽，平岡武夫只從中選録了三條。這六條中，第二條語及李藩入相事，而李藩入相在憲宗朝，顯然不會載入韋述在開元十年寫成的兩京新記。由此可證説郛引西京雜記與韋述記無涉，當别是一書。説郛引六條西京雜記中，有兩條見於曾慥類説引西京雜記；另四條見於類説同卷引秦京雜記。見於類説引西京雜記者有一條就是上引李藩條，另外類説引西京雜記中還有「佛袍集」一條，語及牛僧孺事。顯然，這個西京雜記的成書時間已比韋述記要晚許多。類説引秦京雜記内有渼陂條，云「渼陂以魚美得名」。宋吴曾能改齋漫録卷六渼陂條下有：「唐元澄撰秦京雜記，載渼陂以魚美得名。」可證類説所引即元澄所撰秦京雜記。因此，陶宗儀説郛實未採録韋述兩京新記。説郛引西京雜記，當是由不詳撰人的兩京雜記和元澄秦京雜記中鈔來，而且從行文上看很有可能就是從類説裏轉鈔來的。

儘管宋敏求長安、河南兩志已在很大程度上起到了替代兩京新記的作用，但是對於隋唐長安、洛陽兩城來説，兩京新記畢竟是更直接的第一手資料，而且河南志久已亡佚，今只能從徐松録自永樂大典的元河南志中見其部分内容；長安志傳刻之間也多有闕譌，世無善本。因此整理輯校兩京新記的殘卷和佚文，對於隋唐東西兩京的研究來説，仍然是一項很有意義的基礎工作。

這次所作的輯校本，是以曹元忠和平岡武夫的輯本爲基礎，又增補了若干條新發現的佚文。殘第三卷部分採用了福山敏男的校本作底本；其他佚文除秘笈新書一時未便覈對，仍依曹元忠輯本轉録外，其餘諸書則全部一一覈查了原文，所依據的書籍盡可能採用現在通行的較早、較好的版本。同時，查覈有關文獻重作了全面的校勘。輯校本的卷次仍依原書編爲五卷。卷目劃分大體依照福山敏男的看法，但略有一些調整。根據殘第三卷的書寫形式，可以推斷兩京新記原書分爲大字正文與小字夾行自注。這次輯校即參照殘第三卷的情況，對所有佚文都作了大小字劃分編排。此外，這次所作輯校本還有一個工作，就是參照長安志等書仔細編排了各條佚文的次序。在佚文編排的具體做法上，有一點與現在的一般做法略爲不同的地方。這就是没有把出處不同而文字互有優劣的同項佚文並列在一起，而是擇善而從，選取其中一條，如果出自他處的同項佚文有可資校補處，則或做出校勘説明，或從中剪取有關章句補入，並同時一一注明出處。這樣做的好處是可以增大輯校本的可讀性，便於查閲；而每一條目、章句下面明確標注的出處也可以保證深入研究的需要。對於比較嚴謹的專門研究來説，即使像傳統做法那樣一一羅列佚文，使用時也仍然需要覆覈原文。

福山敏男根據兩京新記殘第三卷太平坊舒王元名宅條「今爲户部尚書尹思貞居之」一語，以及太平御覽卷一八〇引兩京新記明教坊開府宋璟宅條，考定兩京新記中出現的最晚年代是開元八年，從而確認了玉海關於兩京新記成於開元十年的説法。今案福山敏男的見解是十分正確的，但兩京新記中出現的最晚的年代不是開元八年，而是開元九年。殘第三卷光德坊京兆府廨條下載京兆尹孟温禮修葺府廨事，福山敏男校本作開元元年，而此「元年」應爲「九年」之譌（詳見本書校記）；又義寧坊化度寺條下令福山本有開元元年敕令毀除三階教無盡藏事，這個「元年」同樣也是「九年」之譌（詳見本書校記）。這兩條材料可以進一步補充説明福山敏男的結論。

在這次輯校過程中，日本北海道教育大學妹尾達彦先生提供了福山敏男校注兩京新記卷第三及正解説和平岡武夫兩京新記續拾；陝西師範大學古籍整理研究所所長黄永年先生提供了所藏陳子怡校正兩京新記；中國佛教協會副會長周紹良先生提供了所藏周叔迦訂正兩京新記；對此工作給予了熱情指導和大力支持。而兩京新記的整個輯校工作以及大業雜記的輯校工作，則都是在我的恩師史念海先生的指教下完成的。在此，我謹向這些前輩們致以真摯的謝意。由於個人學識有限，輯校工作可能會有許多錯誤，誠懇希望讀者批評指正。

辛德勇　一九八九年十二月記於古長安

注釋

〔一〕文苑英華卷六七八蕭穎士贈韋司業書。

〔二〕關於河南志和長安志的成書時間，請詳拙稿古地理書辨證續札，載中國歷史地理論叢一九八七年第一輯。

〔三〕溫國文正司馬公文集卷六五河南志序。

〔四〕見岑仲勉兩京新記卷三殘卷復原。

兩京新記解説

〔日〕福山敏男

在記述隋唐都城長安城宮殿坊市的書籍中，首先應當引起注意的是大唐京寺録。大唐京寺録計十卷，長安弘福寺僧彦悰撰，大致成書於貞觀九年之前，而在龍朔元年又曾有所修訂〔一〕。在隋代統一以前的南北朝時代，有楊衒之撰洛陽伽藍記五卷，記北魏都城洛陽寺院；南梁劉璆奉敕撰京師寺塔記十卷〔二〕，記南朝都城建康寺院。彦悰有感於隋唐長安不應當闕而不記，故撰爲此書。但是大唐京寺録在宋代就已經亡佚失傳〔三〕。關於隋唐洛陽城的記述，有隋宇文愷撰東都圖記二十卷（隋書卷六八），貞觀間著作郎鄧世隆採集隋代舊事所撰東都記三十卷〔四〕，以及與鄧書約略同時或稍後成書的韋弘機東都記二十卷〔五〕。而韋弘機四世孫韋述的兩京新記五卷，就是繼上述這些著作之後把有關長安、洛陽兩京建置的史事井然有序地綜匯於一書的集大成之作。

韋述事蹟見舊唐書卷一〇二本傳。新唐書卷一三二也有他的傳記，但内容多本自舊唐書。此外，在諸書中還散見有一些零瑣資料，其中比較重要的是玉海卷四八「唐集賢注記」條及同書卷一六七「唐集賢殿書院」等條的記載。韋述出身於人才輩出的韋氏家族，爲司農卿弘機（或單稱機）四世孫、房州刺史景駿之子〔六〕。韋述自幼博覽經史，屢有述作。登科後，於開元五年仕櫟陽尉、桑景尉。從同年冬開始，在秘書監馬懷素名下，與元行沖等二十五人同在秘書省詳録四部書四萬八千餘卷，八年春編就總目群書四部録二百卷。當時韋述專門分擔史部，並撰寫了四部録的序例。同年春，韋述轉任麗正殿校勘官。在此前後，韋述以秘閣所藏姓族系録三百卷爲藍本，撰成開元譜二十卷。韋述後轉官右補闕（唐會要卷六四作左補闕）。開元十三年四月，被中書令張説引爲集賢院直學士，又轉起居舍人。同年十一月，扈從玄宗封禪泰山，奏進東封記一卷，受到褒賞。十八年，兼知史官事，轉屯田員外、職方史部二郎中，學士知史官事如故。二十七年，轉國子司業，停知史事，尋復兼史職充集賢院學士。天寶初，歷左右庶子，加銀青光禄大夫。九載，兼充禮儀使。同年，遷尚書工部侍郎，封方城縣侯。天寶十五載二月，撰成集賢注記三卷。韋述還爲徐堅創意未就的六典擬定了體例；又將自令狐德棻以來累修未竟的國史重新寫定類例，補遺續闕，勒成國史一百一十二卷，并史例一卷。韋述家中藏書二萬卷，皆自爲校定。又有古今朝臣圖、歷代名人畫跡及魏晉以來草隸真蹟數百卷，古碑、古器、藥方、格式、錢譜、璽譜之類及當代名公尺牘也無不備收。天寶十四載十一月，安禄山反，十五載六月，兵入長安。在這場戰亂中，韋述幾乎失去了他的全部典籍和資産，僅獨持國史隱藏在終南山中。但他還是被叛軍擄去，並在東京接受了僞職。因爲這一事件，至德二載收復兩京，平定叛亂之後，他被流放到渝州。在流放地，因不堪當地刺史的困辱，不食而卒〔七〕。後至廣德二年，又追敘保存國史之功，贈韋述右散騎常侍。韋述的著述共有二百餘卷，除前述諸書外，還有唐春秋三十卷、唐職儀三十卷、高宗實録三十卷、御史臺記十卷、集賢書目一卷、國朝宰相甲族一卷、百家類例三卷、兩京新記五卷等。韋述本人就是開元十三年前後根據玄宗的意圖繪製的開元十八學士圖之中的一員，但在前文所述集賢注記中仍然記録了這些學士的官爵（歷代名畫記卷九。玉海卷一六七。宋史卷二〇三）。此外，長安崇仁坊資聖寺中門的吴道子繪高僧畫像的贊語也是韋述撰文後由李嚴書寫上去的（酉陽雜俎續集卷六）。長安的開元二十四年太僕少卿杜元道碑、開元二十八年右驍衛大將軍范及碑，以及洛州的天寶十載新安郡太守張公碑，碑文都出自韋述之手。

本來兩京新記在社會上流佈很廣。但北宋中期宋敏求撰就長安志和河南志以後，由於宋敏求兩志已把兩京新記的主要内容包容在内，而且在記事的地域和時代上又都比兩京新記有很大拓展，因而此後獨宋志得以廣泛流佈，而韋述記趨於隱没。

下面看一下諸書引述兩京新記的情況。諸書在引用兩京新記時，有時單稱兩京記、新記或韋述記；其長安和洛陽部分也往往分別被單稱爲西京記或東京雜記、東京記（只是區别不甚嚴密，記洛陽事部分有時也稱西京記）。通典卷四〇載有：「祆者西域國天神，佛經所謂摩醯首羅也。武德四年，置祆祠及官。」這與新記布政坊胡祆祠的注文文辭幾乎一模一樣。覆校太平御覽卷一七三和長安志等書，可以發現元和郡縣圖志卷一關内道京兆府條注文的内容也是本自新記大明宫和玄都觀條。像通典和元和志這樣的情況，即使未標注新記的名稱，也毫無疑問是採録該書。歷代名畫記卷三中的兩京記或西京記指的也應是本書。酉陽雜俎續集卷五（寺塔記上）引述有兩京新記，同時還引有「新記」。資暇集卷中引有「韋氏兩京新記」文。此外，在盧言盧氏雜説（太平廣記卷二一〇引，圖畫見聞志卷五引文亦出此）中也引有兩京新記。孟啟本事詩（光啟二年撰，又見太平廣記卷一六六及太平御覽卷三〇引）、侯白啟顔録（太平廣記卷二六〇引）、陸長源辨疑志（太平廣記卷四九三引)、以及異苑(太平廣記卷一一二引,與劉敬叔異苑别爲一書。或廣記引文書名有誤)等唐末小説中也可以看到新記的影響。上面所述是唐朝書籍中有關兩京新記的情況。在約相當於唐末時期的日本寬平年間成書的日本國見在書目録中著録有「兩京新記四,韋述撰」,可知這時此書已傳入日本但篇帙不足,闕佚一卷。這由前述舊唐書韋述傳載「兩京新記五卷」、崇文總目(慶曆元年撰)和通志卷六六同著録「兩京新記五卷,韋述撰」、新唐書卷五八及宋史卷二〇四也均載有「韋述兩京新記五卷」等情況可以看出,兩京新記原來的卷數爲五卷是毫無疑問的。由五代後周入宋的郭忠恕,在汗簡卷七和佩觿卷上引用有「韋述西京記」或「兩京記」。

在入宋以後的諸書中,引人注目的首先是唐會要。今本唐會要是以唐蘇冕、蘇弁兄弟在元和間撰作的會要四十卷爲基礎寫成的,所以從内容上來説也可以歸入唐代的文獻。唐會要卷四八「寺」和卷五〇「觀」兩類記事與新記有密切關係，但同時也增添有新記以後的內容。在唐會要卷一九的自注裏明確引有「韋述兩京記」，由此可以進一步明確兩書之間的聯繫。在太平御覽卷首的引用書目中，列舉有「韋述東京雜記」和「韋述兩京新記」，同時又別列有「東京記」和「兩京記」，這恐怕是同書重出。在太平御覽卷一五六州郡部二和從卷一七三開始的居處部各卷中，以「韋述兩京新記」、「唐兩京新記」、「兩京新記」、「韋述兩京記」、「兩京記」、「韋述西京新記」、「西京雜記」、「西京記」、「唐韋述東京雜記」、「東京記」等書名引有新記。在太平廣記中，也在「兩京新記」、「兩京記」、「西京記」的書名下引用有該書。太平寰宇記卷二五關西道雍州一的記事雖然多本自元和郡縣圖志，但是其萬年縣下的縣門樓、芙蓉園、樂遊廟、廢明堂縣廨諸條和長安縣下的永安渠、清明渠、龍首渠、西市、漢戾園、漢博望苑諸條，儘管沒有標出書名，推測起來恐怕都是本自新記；而且在長安縣下的曲江池條也明確引有「韋述記」。宋高僧傳在卷一五慧靈傳、卷一八道善傳、卷二六法成傳等處，雖未標示書名，但也似乎有出自新記的地方。釋氏要覽卷下記有「兩京記云寺中有無盡藏」，這就是新記化度寺下的内容。集古録目卷二載：「按西京記，隋改寺爲道場。」長安志卷七引韋述記云「隋大業初，有寺一百二十，謂之道場」，就是與之相應的同文。宋敏求長安志二十卷中，卷六至十的唐宮室、皇城、京城、諸坊部分完全沿用新記的體裁，内容上也只是删除了新記所樂道的較長的插入故事，並增加新記以後的史實，此外也補充了一些其他資料。在長安志中，又以「韋述記」爲名引有新記，趙彦若在熙寧九年所寫的序文裏也曾言及韋記。同爲宋敏求所撰的河南志二十卷（據郡齋讀書志卷二下、通志卷六六、直齋書録解題卷八、玉海卷五七、宋史卷二〇四），與長安志的撰述情形大致相同。清徐松從永樂大典中録出的河南志四卷（藕香零拾叢書收。祇是清繆荃孫認爲此書爲元河南志），無論形式和内容，在許多方面都體現了宋敏求河南志的面目，其中多處引用有「韋述記」。宋敏求河南志有元豐六年司馬光序，序文稱河南、長安兩志較「唐韋述兩京記」詳過十倍（玉海卷一五、四庫全書總目卷七〇)。元豐三年吕大防在長安所立「唐長安城圖碑」(即「吕圖」)現僅殘存有原圖及題記的一部分,但題記的闕佚部分可以據雲麓漫鈔卷八〔八〕、雍録卷三至一〇、玉海卷一七四、通鑑地理通釋卷四等來輯補。據經過輯補的題記,可知吕圖是以所謂「舊圖」和韋述兩京新記爲基礎並參照其他有關記載和遺跡考定繪製的,而且還糾正了「西京記」認爲「大興城南直子午谷」的錯誤記載(這裏引述的西京記,或許就是太平御覽卷一五六引兩京記佚文所謂「萬年縣界南直終南山子午谷」)。

進入南宋以後,在淳熙五年成書的中興館閣書目中(玉海卷一五六引)著録有:「韋述兩京新記五卷,開元中撰。述謂兩京創自隋代,至開元百有餘年,乃載其廢置遷徙之由。西京始於開皇,東都起於大業。」這大概應當是撮録新記原序大意。在約略同時成書的尤袤遂初堂書目裏也著録有兩京新記。雍録卷三、六、九等卷引有「兩京新記」或「兩京記」。在佛祖統紀中雖然也可以看到新記的影響,但這可能並不是直接依據的原書。王應麟在玉海中以「韋述兩京新記」、「兩京新記」、「韋述兩京記」、「兩京記」、「韋述東京記」、「西京記」等名稱引述新記；在通鑑地理通釋中也引有「西京記」。

在宋末元初之際成書的胡三省通鑑注中，在注釋長安城坊宮殿等建置時，除引述唐六典、唐會要等書之外，還頻頻引及雍録〔九〕，然而却幾乎没有直接引用過兩京新記。大概唯一例外的是卷一九九「大慈恩寺」的注文裏引用的「西京雜記」。由前面舉述的宋史的有關記載來看，在元代似乎仍流傳着新記，但已日趨難於一見。比通鑑胡注稍晚些成書的類編長安志，作者駱天驤自稱積六十年之力而成。其引用書目裏儘管還列有「西京記」，但賈文裕的序文却衹舉述三輔黄圖、三輔决録、西京雜記、關中記、景龍文館記和長安志，看來兩京新記似乎已不受重視，或者是已不甚流傳。

在元末陶宗儀編集的説郛弓六十中（明弘治九年有重刻，清初順治四年又再刊），收有所謂韋述「西都雜記」，但衹有「金吾禁夜」、「青梧」、「三館」、「望春亭」、「飲馬」五條，總共衹有一頁多一點，似乎是從其他書籍中輯録的佚文。其中「金吾禁夜」條見於太平御覽卷三〇所引，可以確認是兩京新記的佚文。「望春亭」條根據太平御覽卷一九四引兩京新記（引文望春亭誤作望雲亭）和玉海卷一五八「望春宮」條、卷一六四「望春樓」條、卷一七五「望春亭」條，也可以看出是兩京新記的佚文。但是「青梧」條據漢魏叢書本西京雜記卷三、太平御覽卷一七三、卷五五九、卷八八九及卷九五八引文，則是出自晉葛洪西京雜記。又據漢魏叢書本西京雜記卷四和太平御覽卷四七七、玉海卷一六五的引文，可知「三館」條也同樣出自葛洪西京雜記。由此可見，説郛中已經把兩京新記與西京雜記相混，陶氏並未見新記原文。清朱彝尊曝書亭集（有康熙四十七年序）卷四四書熙寧長安志後條云「韋述東西京記世無完書」；乾隆四十七年成書的四庫全書總目卷七〇長安志條也説「今韋氏之書久已亡佚」。

在日本方面，有一本比雍録略早一點成書的通憲入道藏書目録，它與前述日本國見在書目録是否屬於同一系統，現在還不清楚。在通憲入道藏書目録裏記載其第二十四櫃内有「西（原旁注兩亻）京新記一弖」、第二十八櫃内有「兩京新記一弖」。金澤文庫本的鈔録時間就在此後不久。

關於兩京新記的内容編排，根據現存第三卷的情況並參據長安志，推測其前三卷記長安，後兩卷記洛陽，分卷情況大致爲：

卷一　京師（長安）總説及宫城、禁苑、皇城等。

卷二　京城總説及萬年縣所領諸坊。

卷三　長安縣所領諸坊。

卷四　東都（洛陽）總説及宫城、皇城、東城和諸坊。

卷五　諸坊。

就目前所知，其中只有卷三以寫本傳世，這就是前田家尊經閣所藏的金澤文庫本。這個本子卷末所鈐的「金澤文庫」墨印，據關靖氏的分類，爲第三類第二號印，屬金澤貞顯時代。因此可以推測是正安三年三月至元弘三年五月間所鈐〔一〇〕。由此還可以知道，這本書至遲在鎌倉末期已確屬金澤文庫所有。進入江户時代以後，在延寶六、七年間津田太郎兵衛向其主人前田松雲呈報的稱名寺書物之覺裏，記有：

一兩京新記第三　無作人　十九枚　一卷

金澤文庫卜黑印御座候　不足卜相見候

上文「十九枚」（即十九張——譯者注）似乎不確，可能是少數了一張。同人在延寶九年七月以後編纂的圖書目録中記有延寶七年八月「一兩京新記一卷」由前田家歸還稱名寺的事情。貞享三年閏三月山本孫太郎和瀧伊左衛門合署的備忘録中，也記載了「一兩京新記但奥ニ金澤文庫卜黑印有　一卷」由稱名寺借出到江户前田家一事。此外，據關靖氏研究，在這期間水户家也在貞享二年從稱名寺借鈔了兩京新記。這個寫本(一册)現存彰考館文庫。到了元禄時代,前田家又進而買取稱名寺的藏書,兩京新記這時大概也已爲前田家所有。林述齋(天瀑)從寬政十一年至文化七年間刊行的佚存叢書(有一九二四年商務印書館縮印本),在第一帙中收有兩京新記,與李嶠雜詠合裝一册。這個本子依據的是金澤文庫本的一個轉寫本。這從寬政十一年八月天瀑的跋語裏可以清楚看出:「予偶得古鈔本一册,乃其第三卷,而首闕數紙焉。卷尾題云:寫金澤文庫本。」祇是這個刊本把金澤文庫本的夾注一律改爲大字,比正文縮低一格,已失本書原貌。此外,這個刊本也没有糾正金澤文庫本的錯簡,並且没有標注寫本原卷頁碼,把文意不相連屬的句子直接銜接在一起,給以後的刊本造成很壞影響。這是令人十分遺憾的。佚存叢書本刊行十一年之後,徐松在嘉慶十五年寫成唐兩京城坊考〔一二〕,書中援引兩京新記時,除從長安志、河南志、太平廣記諸書轉引之外,還據有一個未著明版本的新記原文。根據其中的幾處地方,可以確認這個版本就是佚存叢書本。嘉慶二十三年重修咸寧縣志卷三引有「日本所刊兩京記殘本」。阮元四庫未收書目提要(揅經室外集,有道光二年序)卷一兩京新記條也大部分襲用的是佚存叢書本的天瀑跋語。如上所述,兩京新記正是依賴佚存叢書而又廣爲人知的,而且以後在中國又有了覆刻。咸豐三年前後伍崇曜刊粤雅堂叢書,在第十二集第一百二十四册中合收了文館詞林與兩京新記;武昌局輯刊的正覺樓叢書也把兩京新記與李嶠雜詠合收在第十二册。這兩個本子都附收有天瀑的跋語(祇是粤本删去了跋文末尾的「天瀑跋」三字,殊爲費解),因而可知都是依據佚存叢書本。正覺本的文字次序一如佚存叢書,然而粤本却注意到並糾正了佚存叢書本的一部分錯簡。南菁札記第六册所收曹元忠輯兩京新記二卷(有光緒二十一年自序),應該説是最早的全書復原工作。這個輯本除採用佚存叢書本之外,還從汗簡、佩觿、太平廣記、太平御覽、太平寰宇記、事類賦(北宋淳化間吴淑撰)、長安志、西谿叢語、新編古今事文類聚(前集及後集,南宋淳祐六年祝穆撰),玉海、資治通鑑注、永樂大典引河南志、七修類稿(明郎瑛撰)、秘笈新書(明吴道南撰)諸書中輯録佚文,分别按照長安志和永樂大典引河南志的次序,將西京和東京部分排列在一起。

金澤文庫本是鎌倉初期書寫的卷子本。昭和九年十一月(即公元一九三四年),作爲尊經閣叢刊甲戌年發行本,原大刊印了珂羅版卷子本。卷子次序排列錯亂,一如佚存叢書本。現存的卷子衹有二十張,根據文意並參校長安志改訂其錯亂本來是極爲容易的事情。

經過考訂復原以後,在卷首仍有闕文。復原後的金澤文庫本開頭是永達坊北面崇業坊的内容。這裏所記開元八年卒、有裴子餘撰郭謙光書墓碑的人物,據唐會要、金石録和寶刻類編,可知是玄都觀道士尹崇。由此可知殘兩京新記卷三是從「崇業坊玄都觀」條的中間開始的,前面的内容都已佚失。在這前面,應有崇業坊北面的安業坊和再北面的豐樂坊。但豐樂坊北面的兩個坊却有一些問題。豐樂坊北面一坊,長安志作敦化坊,並記坊内有都亭驛、净影寺、殷開山宅、顔師古宅。

然而太平寰宇記卷二五却記芙蓉園（在京城東南隅）在敦化坊之南。因此敦化坊應在京城東南隅附近，唐兩京城坊考和重修咸寧縣志將其比定在曲江池北的延興門南面第三坊是大致不錯的。另一方面，都亭驛在豐樂坊北面一坊，則可以由續高僧傳卷四玄奘傳（開元釋教録卷八玄奘傳出此）、雍録卷三長安城圖和資治通鑑卷二六〇胡注得到證明。此外，浄影寺的位置，根據續高僧傳卷八慧遠傳和慈覺大師傳，也應定在這一帶爲宜。同居於一坊的殷開山、顔師古和歐陽詢宅，太平御覽卷一八〇引「韋述兩京新記」和類編長安志卷四，均作在通化坊。長安志這一段的行文，静嘉堂文庫藏寫本〔一三〕、東洋文庫藏明嘉靖李氏刊本〔一三〕和清畢沅校刊本〔一四〕都有同樣錯亂，豐樂坊北面應爲通化坊〔一五〕。其北相隣的一坊，長安志的記載乍看起來似乎應該是立政坊，但唐會要卷一九及長安志「立政坊」下引禮閣新儀有「京城啟夏門内立政坊」語，所以立政坊應當是啟夏門東西兩側相隣的某一坊，不會是豐樂坊北面一坊或者唐兩京城坊考及重修咸寧縣志所推定的敦化坊北面一坊。元代把長安志的内容分類改編而成的類編長安志〔一六〕，是反映長安志在當時的面貌的重要資料。在這本書卷二列舉有京城諸坊，對於城西部長安縣轄下諸坊的敘述井然有序，似乎是按照長安城坊圖記録下來的。在這一部分一開頭就是善和坊、通化坊、豐樂坊、安業坊等，與上文所述相同，通化坊在豐樂坊北，再北爲善和坊。另外，冥報記卷下「隋康抱」條記有曾氏出皇城南面東頭的安上門歸太平里途中，在善和里西門内遇到康抱騎馬出坊門的故事，把善和坊定在通化坊北，與這一事件正相吻合〔一七〕。因此，我把豐樂坊北面一坊復原爲通化坊，次之爲善和坊。

下面有必要探討一下金澤文庫本的性質。首先，坊的舊名它一律没有記載，而長安志中則記載了崇德、懷貞、修德、醴泉、長壽、永平、昭行、義寧、崇化等坊的舊名或其一度所改名，其中醴泉坊的舊名也見於太平御覽卷一八九引兩京新記：「醴泉坊，本名承明坊，開皇初，繕築此坊……」因此，在兩京新記舊本中該坊下是應有

「本名承明坊」這樣的注記的。同樣，舊本中其他諸坊也應注有舊名。金澤文庫本「道德坊」條載：「隋有澄虚觀，武德中廢。」「居德坊」條載：「坊内隋有依法、寶岸、凝觀寺，大業中廢。」（這兩條長安志中都有相同記載。）記録了早已廢絶的寺觀。這些恐怕是出自彦悰的京寺録。除此之外，長安志中還記載了大業七年或武德中廢掉的以及遷移了的隋代寺院：興化坊成道寺，宣義坊應法、寶積二寺，安豐坊宣化尼寺，頒政坊惠雲、澄覺二寺，布政坊明法、道覺二寺，延壽坊惠覺寺，光德坊常法寺，延康坊明輪寺，崇賢坊緣覺、融覺、賢覺三寺，延福坊神通寺，金城坊釋梵、法衆二寺，醴泉坊光寶、救度二寺，懷遠坊法寶寺，長壽坊願力寺，修真坊積善寺，群賢坊法身、寶王二寺。相比之下，兩京新記衹記載了其中的一部分，這在體例上是不統一的。因此，兩京新記舊本應當記有這些廢寺，並且後來爲長安志所依據。有關漢代的遺跡，金澤文庫本列有金城坊戾園、博望苑，修真坊靈臺，普寧坊太學、辟雍，居德坊圓丘（長安志同）。然而長安志除此之外還記有休祥坊漢顧成廟遺址、漢奉明園、漢奉明縣，居德坊漢思后園，普寧坊漢明堂。這些與上面的漢代遺跡性質當然是完全一樣的。所以，可以認爲長安志這些記載仍然依據的是舊本兩京新記。此外，比較金澤文庫本新記與長安志，可以看到在寺院的建置沿革部分，金澤文庫本新記也多有節略。如「居德坊先天寺」條，金澤文庫本新記祇記載：

其地本漢圓丘餘址。先天元年，改爲先天寺。

闕失先天元年以前的寺名。長安志相應部分則在這一段話前面記有：

本寶昌寺。隋開皇三年，敕大興、長安兩縣，各置一寺，因立寶昌、禪林二寺。東西相對，時人謂之縣寺。

據此，可知先天寺本名寶昌寺，新記也應記有這些内容。又據太平御覽卷九一九引兩京記，浄影寺下本有如下自注：

沙門慧遠講經。初在鄉養一鵝，常隨遠聽經。及遠入京，留在寺，晝夜鳴呼不止。僧徒送入京，至此寺大門放之，自然知遠房，便入馴狎。

每聞鐘，即入堂伏聽。若聞泛説他事，鳴翔而出。如是六年，忽哀叫庭宇，不肯入堂。二旬而遠卒。寺內有遠碑，亦述其事。（參見續高僧傳卷八。）

又據太平御覽卷九四七引西京記，化度寺下也有如下自注：

廢寺內有礓䃰石，徑二尺餘，孔穴通連，若欄椅樓臺之狀，號曰蟻宮。嘗云於中見蟻，金色，其大如蜂，動踰萬計，乃掘地及泉，因得此石。

這些都應該是舊本新記的內容〔一八〕。在有關住宅的記載方面，太平御覽卷一八〇引「韋述西京記」記有延壽坊裴巽宅，長安志也有關於同一住宅的記載，綜合二者，推測復原舊本的新記應爲：

東南隅，駙馬都尉裴巽宅。其地本隋齊州刺史盧賁宅。高宗末，禮部尚書裴行儉居之。自行儉以前，居者輒死。自儉卜居，有狂僧突入，髡其庭中大柳樹，中有豕走出，徑入北隣。其家數月暴死盡，此宅清晏。武太后時，河內王武懿宗居之。土地平敞，水木清茂，爲京城之最。

又關於延康坊閻立本宅，綜合太平御覽卷一八〇引「韋述兩京記」（原文作延壽坊，誤）和長安志的記載，也可以復原舊本新記的内容爲：

北門之西，中書令閻立本宅。後申王傅符太元居之。宅内西亭有立本所畫山水之跡。

又根據太平廣記卷九二引談賓録與兩京記關於僧萬迴與太平公主的記載，並參據長安志，可以復原舊本新記醴泉坊下大致應有如下内容〔一九〕：

東南隅，太平公主宅。公主死後没官，爲陝王府。宅北有僧萬迴宅。太平公主爲造之。景雲中，卒於此宅。臨終大呼，遣求本鄉河水。弟子徒侣覓無。萬迴曰：堂前是河水。衆於階下掘井，忽河水湧出，飲竟而終。此坊井水，至今甘美。

又金澤文庫本在鈔寫時原來脱落了待賢坊的前半部分記載，後又在行間用小字補寫有：「次南曰待賢坊。此坊隋初立天下諸州朝集使邸，故以待賢名之。」在長安志中有與此相同的内容，並繼之記云：「隋又有左鎮（領）軍大將軍史萬歲宅。」（據静嘉堂本、嘉靖本。）正如徐松、曹元忠及岑仲勉他們所指出的那樣，依據太平廣記卷三二七引兩京記，可以推定舊本新記原文應記有：

隋左領軍大將軍史萬歲宅。其宅初常有鬼怪，居者輒死。萬歲不信，因即居之。夜見人衣冠甚偉，來就萬歲。萬歲問其由，鬼曰：我漢將軍樊噲，墓近君廁，常苦穢惡，幸移他所，必當厚報。萬歲許諾。因責殺生人所由。鬼曰：各自怖而死，非我殺也。及掘得骸柩，因爲改葬。後夜又來謝曰：君當爲將，吾必助君。後萬歲爲隋將，每遇賊，便覺鬼兵助己，戰必大捷。

關於西市，其自注中間的一部分文字，據金澤文庫本、太平御覽卷一九一引西京記以及長安志，可將舊本復原爲（文中衹有加著重點的十二個字采自金澤文庫本）：

市西北隅有海池。長安中沙門法成所穿，支分永安渠以注之，以爲放生之所。穿池得古石銘云「百年爲市，而後爲池」，自置都立市，至是百餘年矣。

根據以上論述，可以認定現存的金澤文庫本兩京新記卷第三並非原本，而是一種節略本。

關於兩京新記的成書年代，早在宋代就有人論及。前述中興館閣書目稱開元中撰；玉海卷一六〇「唐延英殿」條記有：「按延英實在東内。……獨是殿經始，史欠歲月。會要：上元二年七月甲辰，延英殿御座上生玉芝。……按五行志係肅宗之上元；韋述兩京記成於開元十年，不書是殿；至二十六年，六典書成，歷歷維見。然則創於開元中歟？兩京記不載，而六典紀之，開元中置，可知。」認爲是開元十年所撰。這裏依據的或許是韋述自序或其他地方所著的年代。曹元忠在其所作兩京新記輯本的序言裏，注意到南宋王象之輿地紀勝（嘉定十四年成書，二百卷）李皇序稱「唐麗正殿直學士韋述東西兩京新記」，考證云：「據玉海稱韋述兩京記成於開元十年，其時麗正未改集賢，故李皇所見兩京新記題『唐麗正殿直學士韋述』也。」據韋述集賢注記、舊唐書卷四三、新唐書卷四七等，開元六年十二月東都乾元書院改名麗正修書院，置使及檢校官，改修書官爲麗正殿直學士；八年，加修撰、校理、刊正、校勘官，十三年四月，改麗正殿書院（麗正修書院）爲集賢殿書院，五品以上爲學士，六品以下爲直學士。韋述在集賢注記中又記自己的經歷云：「述以開元五年冬，敕就秘書省，撰續王儉七志及刊校四庫書籍；八年，入麗正殿校勘；十三年三月授集賢殿（此處疑脱直字）學士。」從而可知他在開元八年春由秘書省（校書郎？）移任麗正殿校勘官，十三年四月已成爲集賢殿直學士，而在此期間是否曾任麗正殿直學士則不能確知。假使韋述開元八年入爲麗正殿校勘官後於十年前後進爲品級比較低下的直學士，也没有什麽不合情理的。因此，曹元忠的解釋是不能棄而不顧的。新唐書藝文志載有兩京新記，而舊唐書經籍志却未見著録，這是由於舊唐書經籍志是以群書四部録爲基礎寫成的，而群書四部録二百卷初成於開元八年三月，開元九年十一月重新定稿，所以舊唐書經籍志著録的圖書僅止於開元初年。上面這些材料雖然不够十分强硬，但仍然可以作爲旁證來説明兩京新記是開元八、九年以後寫成的。下面需要從現存的兩京新記本身來看一下它的成書年代。首先看一下殘存第三卷的情況。天授二年十月被殺的御史大夫樂思晦的居宅，在新記中被記爲「舊宅」，這可以説明一定問題。又年代記載中較晚的年代有先天二年（休祥坊昭成尼寺）、開元元年（光德坊京兆府廨）。另外，書中還使用有温王重茂的謚號（太平坊温國寺），這應該是開元二年七月以後的事。太平坊舒王元名宅下注云：「今爲户部尚書尹思貞居之。」尹思貞由户部尚書轉工部尚書後，因老疾致仕，卒於開元四年，贈黄門監。看來這一條當寫在尹思貞身居户部尚書的時代，亦即開元四年稍前。由這幾條的情況來看，殘第三卷應寫於開元二年七月至開元四年這一期間内，或者初稿本寫於這一時期。像這樣的書籍作者本人不斷進行增訂是理所當然的。金澤文庫本殘第三卷中最晚的年代是開元八年（卷首崇業坊玄都觀下），但這與前述反映開元四年事的「户部尚書尹思貞」的記法有出入，可以把這一部分看作是後來增修的。另一方面，關於成書時間的下限問題，「延福坊郯王府」下有「今爲郯王府」語。郯王是指玄宗長子嗣直，受封爲郯王，事在先天元年八月，開元十三年三月改封爲慶王。由此可以證明本書寫成於開元十三年三月之前。於此稍後，頒政坊大崇福觀開元二十七年改名昭成觀（見唐會要卷五〇、長安志卷一〇）、待賢坊會聖觀開元二十八年改名千秋觀（亦見唐會要卷五〇、長安志卷一〇），在金澤文庫本新記殘卷中都没有見諸記載，同時，金澤文庫本新記殘卷在興化坊下則又記有「今邠王守禮宅」，邠王守禮唐隆元年六月受封，開元二十九年十二月薨。由以上幾點看來，金澤文庫本殘卷的内容決不會晚至開元末年〔二〇〕。

下面再從金澤文庫本第三卷以外的佚文來看一下兩京新記的成書年代。玉海卷一六四「唐勤政樓花萼樓」條注云：「一本作開元二年七月於是宫置樓。韋述東京記：開元八年造二樓。」這裏並列了興慶宫二樓建立年代的兩種不同説法，由此可以清楚，在新記的第一卷或第二卷中應記有開元八年事（長安志卷九「興慶宫勤政務本樓」條自注有「樓南向，開元八年造」，大概也是從新記中來的）。又長安志卷七自注中關於京城諸坊記有（據靜嘉堂本、嘉靖本）：

　韋述記曰：「其中有折衝府四、僧寺六十四、尼寺二十七、道士觀十、女冠觀六、波斯寺二、祆祠四。隋大業初有寺一百二十，謂之道場；有道觀十，謂之玄壇。」天寶後所增，不在其數。

上文大概出自新記原書第二卷，末尾的「天寶後所增，不在其數」，應當是長安志作者宋敏求的説明。對於他來説，兩京新記成書於天寶以前即開元年間，似乎是不言自明的事情。唐會要卷一九「諸太子廟」條原注又有：

　按韋遂（述）兩京記，此廟地本是夔萬等六州即（邸），後爲乾封（明堂？）縣，移於永樂坊。神龍初，遂立爲懿德太子廟。其後諸太子廟比各别坊，今（天寶六載）並移就此廟，號爲七太子廟也。

乍看這段話似乎兩京新記中包含有天寶六載史事。但是，比較與之相應的長安志卷八「永崇坊七太子廟」條的記載，可知唐會要天寶六載作七太子廟事乃是依據的新記以外的其他資料。新記關於永崇坊的記載應當衹是：

懿德太子廟。其地本萬夔等六州之邸。總章中，以爲明堂縣，後徙縣於永樂坊。神龍初，立爲懿德太子廟。

因此没有理由認爲新記在天寳六載以後仍有修訂。上面這段新記也應當是原書第二卷的佚文。另外，在洛陽方面，太平御覽卷一八〇引「韋述兩京記」，記有明教坊的開府宋璟宅。據舊唐書卷八、卷九六，宋璟授開府儀同三司在開元八年五月，這一段佚文大概應屬原書第四卷。這樣，將這一例證與第一或第二卷中的一例、第三卷中的一例合在一起，反映出兩京新記成書於開元八年以後，結果仍無以動摇玉海的開元十年成書説。

在我所作的兩京新記卷三校注初稿脱稿後，蒙島田修二的指教，瞭解到岑仲勉所作兩京新記卷三殘卷復原（國立中央研究院歷史語言研究所集刊第九本，一九四七年上海刊），又承蒙米澤嘉圃盛情相助，得以在東洋文化研究所獲睹岑氏的業績。由於岑氏没有見到尊經閣叢刊本兩京新記，是依據商務印書館影佚存叢書本試作的復原，所以他的復原有兩處錯誤，這是令人十分遺憾的。此外，徐松在唐兩京城坊考中每每引用太平廣記而很少涉及太平御覽；但曹元忠在輯録兩京新記時，利用了廣記、御覽以及玉海，因而頗有收穫。可惜岑氏或許是由於寫作時的戰亂羈旅條件所限，而没有利用御覽、玉海及曹元忠輯本新記。然而岑氏依據廣記糾正「懷德坊鄒鳳熾」條的錯亂等處還是頗有值得稱道的見解。關於這一點，我根據岑氏的研究對原稿作了補訂，謹記於此。

補　記

本稿完成後，蒙石田幹之助氏的指教，又瞭解到周叔迦所作訂正兩京新記（載服部先生古稀祝賀紀念論文集，昭和十一年四月刊），文前有甲戌（昭和九年）仲秋自序。因爲是在金澤文庫本複製出版稍前一點寫就的，所以也是依據佚存叢書本來改正錯簡。周叔迦的復原工作没有什麽大的問題，而且有的部分反而比晚出的岑氏復原更爲正確。可惜的是周叔迦的校訂仍存有一些衍誤，當然這都是由於佚存叢書本的不善而引起的。

注釋

〔一〕在同出於彦悰之手的後畫録的貞觀九年序中，曾提到「帝京寺録」。大唐内典録卷五著録「大唐京寺録傳一部十卷」，同書卷一〇另外著録「大唐京寺録一部十卷」，法苑珠林卷一〇〇著録爲「西京寺記二十卷」，而開元釋教録卷八則略同大唐内典録，著録爲「大唐京師寺録」。

〔二〕京師寺塔記書名據隋書卷三三。大唐内典録卷一〇著録爲「楊都寺記十卷」，歷代名畫記卷五提到有京師寺記，似乎指的也是此書。此外，在太平廣記卷一三一、説郛弓六一、明刊五朝小説第四册、大正新修大藏經第五十一卷等處，收有所謂「梁京寺記」佚文，應當也是劉璆此書。

〔三〕新唐書卷五九著録「大唐京寺録卷亡」。

〔四〕舊唐書卷七三。新唐書卷五八。舊唐書卷四六及新唐書卷五八別記有鄧行儼（貞觀著作郎）東都記三十卷，行儼與世隆應爲同一人，而新唐書卷五八重出此書。

〔五〕新唐書卷五八。此外，隋書卷三三還著録有釋曇景撰京師寺塔記二卷、京寺録七卷，歷代三寶記卷一二、開元釋教録卷一〇也著録有隋開皇年間成書的釋靈裕撰塔寺記一卷，但是這些書的性質不詳。

〔六〕據舊唐書，韋述家族自隋以來的譜系可圖示如下：韋元禮（隋浙州刺史）——恪（洛州別駕）——弘機（唐太宗至武后時人，司農卿）——餘慶（右驍衛兵曹，早卒）——岳（開元中卒於潁州別駕）——景駿（開元二十年卒於奉先令）——述。

〔七〕據唐會要卷六三，至德二載十一月，朝廷廣泛徵求在戰亂中幸以散存下來的國史、開元實録、起居注等原來共三千幾百卷的書籍或鈔稿，但所得無幾。

〔八〕譯者注：原文作「卷二」，當譌，雲麓漫鈔録吕圖題記收在卷八。

〔九〕胡三省在注中也曾提及長安志和閣本太極宫圖的書名，但這似乎是由雍録轉引。

〔一〇〕見關靖金澤文庫の研究，昭和二十六年四月。

〔一一〕唐兩京城坊考有嘉慶十五年自序，但據該書卷五陶化坊條注，徐松在道光二十八年三月去世之前仍有改訂，因此該書在嘉慶十五年以後還有增删。

〔一二〕静嘉堂文庫藏長安志寫本（第八三九號）在近時的封面上題有墨書「影元鈔」三字，但這一版本與嘉靖本大體一致，參校類編長安志，很難看出它具有元本的特點，很可能是由於看到此本與長安志圖合刊而篇首有至正二年李好文長安志圖序，因而産生了誤解。書末附有「庚寅菊月之廿三日温陵黄虞稷記」的跋文，庚寅應該是明永曆四年（清順治七年）。譯者案：静嘉堂文庫藏長安志寫本爲源出明成化刻本的傳鈔本，説詳拙稿考長安志、長安志圖的版本，見拙著古代交通與地理文獻研究。

〔一三〕明嘉靖十一年李經刊本因有嘉靖十年康海序而被畢沅稱爲「康海刻本」。東洋文庫藏本闕失卷九第五十四頁即從新昌坊後部到修德坊結束一頁（畢沅校本的第五頁正面第十行第七字「方」字起到第六頁正面第七行結束）。

〔一四〕乾隆四十九年畢沅校刊長安志，據卷七安德坊下校注，曾參校明嘉靖刊本和明文淵閣本。關於後者，文淵閣書目卷一九在永樂十九年從南京移來的書目中，列有「長安志十册，長安志圖二册」。嘉靖本的「弘」和「玄」，在乾隆本中避帝諱都改成了「宏」和「元」。

〔一五〕唐兩京城坊考引據張元忠夫人令狐氏墓誌「京兆府殖業里之私第」語，云：「按以南數坊多以業爲名，或此欠坊爲殖業歟？不言縣而獨言京兆府，以府廨在光德坊，與此坊相近也。存之附考。」將豐樂坊北面一坊臆補爲殖業坊，其理由不够充分，很難令人信從。

〔一六〕類編長安志，文淵閣書目卷一九在永樂十九年從南京移來的書目中，列有「類編長安志五册」；此外，郘亭知見傳本書目卷五也録有該書。静嘉堂文庫藏本則爲四册。

〔一七〕資暇集卷中載永樂坊古塚俗呼爲東王公墓，相對應地則把光禄坊的古塚稱爲西王母臺。唐兩京城坊考據此推測光禄坊在永樂坊西，或許爲豐樂坊北面兩坊中的一坊。這種看法依據過於薄弱，難以信從。從字形和位置上來推測，光禄坊更應該是光福坊的譌寫或異名。

〔一八〕太平御覽卷七三五引兩京記關於楊素的美妾與桑和的故事（元林坤誠齋襍記卷上也載有此事），曹元忠輯本兩京新記收入「長安西明寺」條，我認爲收入「洛陽積德坊楊素宅」條下更爲合適。

〔一九〕岑仲勉也認爲太平廣記中關於萬迴宅的記載應屬兩京新記，但是他依據宋高僧傳卷一八萬迴傳，推測萬迴宅事應屬懷遠坊下。然而開元二十五年徐彦伯撰萬迴神道碑，是宋高僧傳萬迴傳的材料來源之一，碑文記玄宗爲其在醴泉里營建居室（集古録目卷三），因此應當重視與此相吻的長安志的記載，而不從宋高僧傳的懷遠坊説。

〔二〇〕布政坊明覺尼寺條載有：「開皇中太保河間王弘立爲寺，開皇七年，鑄鐘，未擊自鳴，散騎常侍元行沖以贊其事焉。」岑仲勉認爲文中「開皇七年」應爲「開元七年」之譌，並將此作爲本書成書年代的上限之一。其理由爲：「開皇七年。按上文已署開皇中，此開皇必開元之譌。據舊書一〇二，開元七年，行沖正由大理卿轉左散騎常侍，行沖官終太子賓客，卒贈禮尚。今稱常侍，故知舉其見官也。」這固然不失爲一種見解，但其論據卻並非不可動摇。例如續高僧傳卷八曇延傳中就有：「開皇四年……至六年……開皇八年八月十三日，終於所在。……」像這樣在一段連續的文章中，反覆出現同一年號却並非罕見。而一般説來往往是在寺院創立後即隨之造鐘，與此相關的碑文（即元行沖文）却完全可以晚一些製作。元行沖任大理卿之前還曾在開元初年任右散騎常侍，所以他寫的明覺寺鐘碑文並非一定作於開元七年以後，也可能作於開元初年或更早。

兩京新記輯校凡例

一、本書由兩京新記殘第三卷節本和諸書所引佚文輯録而成。

二、兩京新記殘第三卷節本以福山敏男校注兩京新記卷第三爲底本。福山校本原刊昭和二十八年即一九五三年十月的美術研究第一七〇號上，這次採用的是一九八三年刊印的福山敏男著作集之六中國建築與金石文之研究中所收的改訂本。福山校本原附有極爲詳盡的注釋，考慮到這些注釋對於專業研究者來説意義不是很大，一律從略未收，殘第三卷部分的校勘工作，則擇善而從，採用了福山敏男和岑仲勉兩京新記卷三殘卷復原中的許多校勘成果，凡此皆在校記中一一注明。

三、佚文部分所採用諸書及其版本如下：

（一）玉海　臺灣華文書局影印元後至元三年慶元路儒學刊本。玉海引文原有夾注，這些注文一部分有可能是兩京新記原注，但也有一些可以肯定與新記無關，如玉海卷一七四引佚文下夾注中有唐憲宗送裴度討蔡州事。因不易一一分辨，這些注文又都與兩京新記内容關係密切，所以一律附在校記中注明。

（二）輿地紀勝　臺北文海出版社宋代地理書四種本。

（三）太平御覽　以中華書局影印宋本爲底本，省稱爲影宋本；校以鮑崇城刻本，省稱鮑刻本。

（四）永樂大典　中華書局影印本。

（五）雍録　商務印書館影印明吴琯古今逸史本。

（六）太平廣記　中華書局標點本。

（七）新編分門古今類事　中華書局標點本。

（八）分門集注杜工部詩　四部叢刊本。

(九)九家集注杜詩　臺灣影印四庫全書文淵閣本。

(一〇)杜工部草堂詩箋　叢書集成本。

(一一)事物紀原　中華書局點校本。

(一二)秘笈新書　據曹元忠兩京新記輯本轉録。

(一三)封氏聞見記　中華書局校注本。

(一四)汗簡　四部叢刊本。

(一五)吕大防長安圖題記　中華書局標點本雲麓漫鈔卷八引文。

(一六)長安志　以清畢沅刻本爲底本,省稱畢刻本;校以臺灣影印文淵閣四庫全書本。

(一七)朴通事諺解　日本奎章閣文庫本。

(一八)寺塔記　人民美術出版社中國美術論著叢刊本。

(一九)資暇集　叢書集成本。

（二〇）歷代名畫記　人民美術出版社中國美術論著叢刊本。

（二一）唐會要　國學基本叢書本。

（二二）新編古今事文類編　ゆまに書房影印日本寬文六年和刻本。

（二三）事類賦注　清劍光閣刻本。

（二四）佩觿　叢書集成本。

（二五）太平寰宇記　臺北文海出版社宋代地理書四種本。

（二六）簡齋詩集胡穉箋注　中華書局點校陳與義集本。

（二七）元河南志　藕香零拾本。

兩京新記原序

兩京創自隋代，至開元百有餘年，乃載其廢置遷徙之由。西京始於開皇，東都起於大業。（玉海卷一六引中興館閣書目。）開元十年麗正殿直學士韋述序〔一〕。（玉海卷一六〇、輿地紀勝李皇序。）

校勘記

〔一〕玉海卷一六〇載「韋述兩京記成於開元十年」，輿地紀勝李皇序云「最可稱者，如唐麗正殿直學士韋述東西兩京新記」均當本自韋述自署。

兩京新記輯校卷一

西京

西京俗曰長安城，亦曰京城。（御覽卷一八三。）隋文帝開皇二年夏自故都移今所。帝以長安故城漢以來舊邑，宫宇䆮朽，謀欲遷都。僕射蘇威等議合帝旨，太史令庾季才奏當遷都。帝曰：「吾乃今知天道。」開皇二年六月十八日移入新邑。（御覽卷一五六。）在漢故城之東南，屬杜縣，周之京兆郡萬年縣界，南直終南山子午谷，北據渭水，東臨灞滻〔一〕，西枕龍首原。（玉海卷一七四。）秦阿房宫以磁石爲門，懷刃入者輒止之。漢改爲却胡門。括地志：一名却胡臺。（大典卷三五一八。）漢都城在長安鄉，鄉在渭水南杜縣地，隋唐都城在龍首原，蓋漢城東南十三里也。（玉海卷一七三。）滻水西岸有阪，舊名滻阪，隋文帝惡阪之名，改名長樂坡。（御覽卷六二。）長水因姚萇而改名荆溪也。（雍録卷六。）左僕射高熲總領其事，太子左庶子宇文愷創製規模。謂之大興城。隋文初封大興公，及登極，縣、門、園、池多取其名。（御覽卷一五六。）

校勘記

〔一〕灞滻「滻」玉海引文佚，玉海云此段兩京記同長安志，故據長安志卷六補。

宮城

宮城東西四里，南北二里四十步，周迴十三里一百八十步，高三丈五尺。（御覽卷一五六。）宮城南面六門〔二〕，正南承天門，門外兩觀、肺石〔三〕、登聞鼓。（御覽卷一八三。）朝堂。即舊楊興村，村門大樹今見在。初，周代有異僧，號爲棖公，言辭恍惚，後多有驗。時村人於此樹下集言議，棖公忽來逐之曰：「此天子坐處〔三〕，汝等何故居此。」〔四〕及隋文帝即位，便有遷都意，（廣記卷一三五。）果移都於此。後隋末望氣者云乾門有天子氣，連太原甚盛。煬帝乃置離宮，數遊汾陽以厭之。後唐高祖起并、汾，遂有天下。（新編分門古今類事卷一〔五〕。）次東長樂、廣運、重明、永春門〔六〕；次西永安門。次北嘉德〔七〕、東西恭禮、安仁門，東西廊歸仁、納義門。次北太極門，北至〔太極〕殿〔八〕。（御覽卷一八三。）〔隋曰大興殿，〕太極殿本大興村，故因用其名。（玉海卷一七四。）北面三門，正北玄武、次東安禮門、玄德門。西面二門，南通明、北嘉猷門。太極殿旁東上閤、西上閤門〔九〕，東西廊左、右延明門。（御覽卷一八三。）兩儀殿在太極殿後，常日聽朝視事，蓋古之内朝。隋曰中華殿，貞觀五年改。（玉海卷一五九。）貞觀五年，太宗破突厥，於兩儀殿宴突利可汗，賦七言詩柏梁體。御製：「絶域降附天下平。」神通曰：「八表無事悦聖情。」無忌曰：「雲披霧斂天地明。」玄齡曰：「登封日觀禪雲亭。」蕭瑀曰：「太常具禮方告成。」（玉海卷一五九。）武德殿在西内乾化門東北〔一〇〕。（玉海卷一五九。）

淩煙閣在凝陰殿内，功臣閣在淩煙閣南。頡利既平，置酒於此。（玉海卷一六三。）

校勘記

〔一〕宫城　原作「皇城」，其下所敘實爲宫城，意改。

〔二〕肺石　「肺」影宋本御覽闕，據鮑刻本補。

〔三〕坐處　「處」御覽卷一五六引作「位」。

〔四〕何故　「故」新編分門古今類事卷一引作「敢」。

〔五〕新編分門古今類事原作「出南京記」，其文前半同廣記、御覽引新記，「南」當爲「兩」或「西」之譌。

〔六〕次東　「次」影宋本御覽闕，據鮑刻本補。

〔七〕嘉德　原作「嘉猷」，據唐律疏議卷七、唐六典卷八、長安志卷六及吕大防長安圖殘石等改。

〔八〕北至太極殿　「北」原作「西」，據唐六典卷七、長安志卷六改，並意增「太極」二字。

〔九〕東上閤西上閤門　御覽影宋本原作「東上西□上閤門」，鮑刻本闕字作「門」，均譌，據唐六典卷七等改。

〔一〇〕武德殿在西内乾化門東北　玉海原注：一云在乾化門之東近北，一云在太極殿東。

東宮

東宮重明門北左、右永福門，内廊左、右嘉善門，東西奉化門〔一〕。（御覽卷一八三。）宫内有九殿。（御覽卷一九六。）宜春門外有左春坊，坊南有崇賢館。明皇居東宫，館中起書閣重複，以著典籍。（玉海卷一六五。）

校勘記

〔一〕東西奉化門　案：此下應有脱文，據吕大防長安圖殘石，東爲奉化門、西爲奉義門，但長安志同御覽引新記，似乎宋敏求所見兩京新記已有脱譌。

禁苑

禁苑在宫城之北。苑中有四面監，分掌宫中種植及修緝，又置苑總監都統，並屬司農寺。（御覽卷一九六。）苑内有望春宫，在高原之上，東臨灞滻。今上曾登北亭，賦春臺詠，朝士奉和凡數百。（玉海卷一五八。）又有望雲亭、鞠場亭、柳園亭、真興亭、神皋亭、桃園亭〔一〕、臨渭亭、永泰亭、南昌國亭、北昌國亭〔二〕、流杯亭、青門亭。邵平種瓜之所也。（御覽卷一九四。）隋文帝增修未央池。（玉海卷一五七。）

校勘記

〔一〕桃園亭　原作「園桃亭」，據長安志卷六改。

〔二〕南昌國亭北昌國亭　原作「南昌園園北昌國亭」，據長安志卷六改。

大明宮

大明宮南接京城之北面，西接京城之東北隅。初，高宗嘗患風痺，以宮內湫濕，屋宇擁蔽，乃於此置宮。司農少卿梁孝仁充使製造。北據高岡，南望爽塏，視終南如指掌，坊市俯而可窺。（御覽卷一七三。）宮南面五門，正南丹鳳門，次東望仙、延政門；次西建福、興安門。（御覽卷一八三。）〔丹鳳門內〕正中含元殿，殿東西翔鸞、棲鳳閣，〔閣〕下肺石、登聞鼓。（御覽卷一八四。）殿前左右有砌道盤上，謂之龍尾道。殿陛上高於平地四十餘丈，南去丹鳳門四百步。（玉海卷一五九。）含元殿東西通乾、觀象門，殿北宣政門。（御覽卷一八三。）門內曰宣政殿，（御覽卷七三五。）即正衙殿也，朔望大册拜則御之。（玉海卷一五九。）此殿初就，每夜夢見數十騎〔一〕，衣鮮麗，遊往其間。高宗使巫祝劉明奴〔二〕、王湛然問其所由。鬼云：「我是漢楚王戊太子，死葬於此。」明奴等曰：「按漢書，戊與七國反誅死，無後，焉得其子葬於此〔三〕？」鬼曰：「我當時入朝，以路遠不從坐，後病死。天子於此葬我，漢書自有遺誤耳。」明奴因宣詔與改葬〔四〕。鬼喜曰：「我昔日亦是近屬豪貴，今在天子宮內，出入不安，改卜極爲幸甚。今在殿東北入地丈餘，我死時天子斂我玉魚一雙，今猶未朽，必以此相送，勿見也。」明奴以事奏聞，有敕改葬苑外。及發掘，玉魚宛然見在，棺槨之屬〔五〕，朽爛已盡。自是其事遂絕。（分門集注杜工部詩卷一五〔六〕。）〔殿前〕東西廊日華、月華門〔七〕。（御覽卷一八三。）〔日華門東有門下省，〕門下省東弘文館，次東史館。（玉海卷一六五。）紫宸殿在宣政殿北，即內衙正殿。貞觀五年正月，詔諫官隨中書門下及京官入閤。（玉海卷一五九。）紫宸殿前紫宸門，門設外屏。東崇明門，南出含曜門、昭訓門；西光順門，南出昭慶門、光範門。（御覽卷一八三。）紫宸殿北曰蓬萊殿，其西曰還周殿〔八〕，還周西北曰金鑾殿。蓬萊殿西龍首山支隴起平地，上有殿名金鑾殿〔九〕，殿旁坡名金鑾坡。（玉海卷一五九。）金鑾西南曰長安殿。長安北曰仙居殿，仙居西北曰麟德殿。此殿三面，故以三殿名。東南、西南有閤，東西有樓。內宴多於此〔一〇〕。大福殿在三殿北，（玉海卷一六〇。）重樓連閣綿亘，西殿有走馬樓，南北長百餘步，樓下即九仙門，西入苑。（玉海卷一六四。）拾翠殿在大福殿東南〔一一〕。（玉海卷一六〇。）拾翠樓在大福殿東北〔一二〕。（玉海卷一六四。）

校勘記

〔一〕夢見數十騎　「見」、「十」分門集注杜工部詩佚，「見」據杜工部草堂詩箋卷二七及御覽卷七三五引文補；「十」據杜工部草堂詩箋卷二七及九家集注杜詩卷三〇引文補。

〔二〕劉明奴　「明」御覽卷七三五引作「門」。

〔三〕焉得其子　「其」杜工部草堂詩箋卷二七、九家集注杜詩卷三〇並引作「有」。

〔四〕宣詔與改葬　「與」御覽卷七三五引作「欲爲」。

〔五〕棺槨　「槨」杜工部草堂詩箋卷二七引作「柩」。

〔六〕案：此條分門集注杜工部詩等杜詩箋注並引作「西京雜記」，文字同御覽卷七三五引「兩京記」而稍詳，當即韋述記文。

〔七〕東西廊日華月華門　此句本在上文「（含元）殿北宣政門」下，御覽原文其間尚有「門設外屏，東崇明門，南出含曜門、昭訓門，西光順門」數句，這數句又複出於下文紫宸門下，覈以長安志等，當係紫宸門下爲是，此衍，故删。

〔八〕還周殿　「還」長安志作「環」，下同。

〔九〕金鑾殿　玉海原注：「在蓬萊正西微南。」

〔一〇〕内宴多於此　玉海卷一六〇複引作：「麟德殿三面，玄宗與諸王近臣内宴多於此殿。」案：新記作於玄宗開元十年，不當有「玄宗」云云，此文當經王應麟改竄。

〔一一〕大福殿東南　玉海原注：「案此麟德殿在拾翠西、大福南、仙居西北，又名三殿，音訓：在右銀臺門北。」

〔三〕拾翠樓在大福殿東北　「東北」疑與上文「拾翠殿在大福殿東南」之「東南」中有一當誤。

皇城

皇城東西五里一百一十五步〔一〕，南北三里一百四十步。南面三門，正南曰朱雀門，東曰安上門，西曰含光門。東面二門〔二〕，南曰景風門，北曰延喜門。西面二門〔三〕，南曰順義門，北曰安福門。城中南北七街，東西五街〔四〕。（玉海卷一七四。）

〔門下省。〕唐自武德以來，宰相寬厚以陸象先爲標首；詞翰以姚元崇爲標首；文學以張説爲標首；決遣以張義正爲標首。（秘笈新書卷二）。

〔尚書省。〕尚書郎自兩漢已後妙選其人，唐武德、貞觀已來尤重其職。吏、兵部爲前行，最爲要劇，自後行改入，皆爲美選。考功員外專掌試貢舉人，員外郎之最望者。司門、都門、屯田、虞、水、膳部、主客皆在後行，閑簡無事。時人語曰：「司門、水部，入省不數。」角觝之戲有假作吏部令史與水部令史相逢，忽然俱倒，良久起云：「冷熱相激，遂成此疾。」先天中，王上客爲侍御史，自以才望清雅，妙當入省，常望前行。忽除膳部員外郎，微有悵惋，吏部郎中張敬忠戲詠之曰：「有意嫌兵部，專心取考功，誰知腳踜蹬，幾落省牆東。」膳部在省中最東北隅，故有此句。（廣記卷二五〇。）郎官盛寫壁記，以紀當廳前後遷除出入，寖成俗。（封氏聞見記卷五。）考功員外廳有薛稷畫鶴，宋之問爲贊；工部尚書廳有薛稷畫樹石，並爲時所重。（御覽卷一八五。）左司郎廳事後有古塚〔五〕。高宗、武后間郎中屢有暴死者。聖曆中有巫者見尚書郎鄭默塚，發之，得銘誌符驗，棺柩尚在，並有瓦木雜器。鄭氏子孫，相率改葬。（御覽卷七三五。）拾遺立緊，以其立在北省之次，獻可替否也；（秘笈新書卷三。）評事出緊，以其銜恩按覆，彈劾不法也。（秘笈新書卷五。）赤尉坐緊，以劇縣決遣，權豪畏威也。入仕之路歷是三官者，時輩共以爲榮。（秘笈新書卷一〇。）

〔太常寺。〕太常博士掌儀制、定諡議。（秘笈新書卷五。）

〔秘書省。〕秘書省廳事前有隕星石，隋自咸陽移置於此，少監王劭作瑞石頌以讚美之。（秘笈新書卷五。）省内本統經史及太史曆象之□〔六〕，後並爲別曹，（秘笈新書卷五。）唯主寫書貯掌勘校而已〔七〕。自是門可張羅，迴無統攝官屬，望雖清雅，而實非要劇。權貴子弟及好利誇侈者率不好此職。流俗以監爲宰相病坊；少監爲給事中、中書舍人病坊；丞及著作郎爲尚書郎病坊；秘書郎及著作左郎爲監察御史病坊。言從職不任繁劇者，當改入此省。然其職在圖史，非復喧卑〔八〕，故好學君子厭於趨競者亦求爲此職。（廣記卷一八七。）秘閣圖書，皆表以牙籤，覆以錦帕。（分門集注杜工部詩卷一八。）貞觀中，秘書監魏徵參詳考驗蔡邕三字石經凡十數段〔九〕，請於九成宮秘書監内置之，後天后移於著作院。（汗簡卷七。）邕能八分書。（分門集注杜工部詩卷一六。）

承天門西第七街北從東第一曰鴻臚寺，次西鴻臚客館。如漢之藁街邸，四夷慕化及朝獻者之所居。（玉海卷一七二。）

校勘記

〔一〕皇城　玉海原注云：「俗號子城。」

〔二〕東面　「面」原作「南」，據長安志卷七改。

〔三〕西面　「面」原作「南」，據長安志卷七改。
〔四〕南北七街東面五街　玉海原注：「六典曰一百一十坊，宋務曰今霖雨閉坊門。」
〔五〕左司郎廳事　長安志卷七作「右丞廳事有古塚，俗誤爲樗里子墓」。
〔六〕太史曆象之□　「之」原與下「後」相連，其間當有脱文，今空闕。
〔七〕貯掌　「掌」疑當作「藏」。
〔八〕喧卑　「喧」廣記原校云：「明鈔本喧作纖。」
〔九〕凡十數段　分門集注杜工部詩卷一六引作「數段」。

兩京新記輯校卷二

京城

外郭城東西一十八里一百一十五步〔一〕，南北一十五里一百七十五步，周六十七里〔二〕。（玉海卷一七四。）高一丈八尺。南面三門，中明德門〔三〕，東啟夏門，（門外有先農壇〔四〕。西安化門；東面三門，中春明門，（門外）有蕭望之塚〔五〕。北通化門〔六〕，南延興門；西面三門，中金光門〔七〕，北開遠門，南延平門。（御覽卷一八三。）北面一門曰光化門〔八〕，（玉海卷一七四。）皇城西芳林門。（御覽卷一八三。）〔朱雀門〕街東西各五十四坊。呂大防長安圖題記。其中有折衝府四、僧寺六十四、尼寺二十七、道士觀十、女觀六、波斯寺二、胡祅祠四，隋大業初有寺一百二十，謂之道場；有道觀十，謂之玄壇。（長安志卷七。）京師街衢有金吾曉暝傳呼，以禁夜行，唯正月十五日夜敕許金吾馳禁，前後各一日，（分門集注杜工部詩卷一〇）以觀燈。其寺觀街卷燈明若晝，士女夜遊，車馬塞路。有足不躡地，浮行數十步者。阡陌縱横，城闕不禁。五陵年少，滿路行歌，萬户千門，笙簧未撤。（朴通事諺解卷下。）

校勘記

〔一〕外郭城　玉海原注：「隋曰大興城，文帝初封大興公，及即位，以名城、縣、門、殿、園、池及寺焉，唐曰長安城，亦曰京師城。」

〔二〕周六十七里　「十七」二字原互乙，玉海原注：「隋志同。隋開皇二年六月築，正殿曰大興殿，宮曰大興宮，宮北苑曰大興苑。唐永徽四年，率天下口税一錢更築之。」今案隋書地理志無城周長數，玉海原注亦云與長安志同，檢長安志卷七，乃作「周六十七里」，以新記載城邊長相加，恰爲六十七里餘，故從長安志改。

〔三〕明德門　玉海卷一七四引同文原注曰：「北當皇城朱雀門，南出抵終南山八十里。」

〔四〕先農壇　御覽原引文外郭諸門之後列：「春明門有蕭望之塚，啟夏門先農壇。」今據長安志卷七改繫於此，下春明門外蕭望之塚同。又玉海卷一七四引同文原注曰：「門外西南二里有圓丘、先農、藉田三壇。」

〔五〕蕭望之塚　見本節注〔四〕。

〔六〕通化門　玉海卷一七四引同文原注曰：「裴度討蔡州，憲宗送於此。」

〔七〕金光門　玉海卷一七四引同文原注曰：「西趣金明池。」案：據長安志卷七金明池之「金」當系「昆」之譌。

〔八〕光化門　玉海卷一七四原注曰：「隋志同，里一百六，市二。」

〔萬年縣所領。朱雀門街之東從北第四曰〕光福坊

大興寺。有阿育金像，歷宋齊梁陳，數有奇異。陳國亡，忽面自西向〔一〕，雖止之還爾。隋文帝載入長安，内中供養，後移置此寺。寺衆以殿大像小，不可當陽，乃置之於北面〔二〕。明日，乃自轉正陽。衆咸驚異。復置北面，明日復還轉南面。衆乃懺謝，不復更動。（御覽卷六五七。）

校勘記

〔一〕面自西向　鮑刻本御覽作「面南向」。

〔二〕乃置之於北面　「乃」影宋本御覽無，據鮑刻本補。

〔次南曰靖善坊〕

〔大興善寺。〕優填像，總章初爲火所燒，梁時西域優填在荆州〔一〕，隋自臺城移來此寺〔二〕。

（寺塔記卷上。）

校勘記

〔一〕梁時　上原有「據」字，當爲段成式所增，今删。

〔二〕隋自臺城　上原有「言」字，當爲段成式所增，今删。

〔朱雀街東第二街，北當皇城南面之安上門，街東從北第三曰長興坊〕

張嘉貞宅。（長安志卷七。）

〔次南曰〕永樂坊（古塚。）未知姓名，時人誤爲東方朔墓也〔一〕。（資暇集卷中。）

校勘記

〔一〕東方朔墓　資暇集原注：「光禄坊内亦有古塚，新記不載。」

〔第五曰靖安坊〕

崇敬寺。有石像一軀，高五尺，製作麤惡，甚有云驗。傳云是阿育王第四女所造。其女貌醜，常自慨恨，多作佛像，及成皆類。如此千數，乃至誠祈禱，忽感佛見形，更造諸像，相好方具。其父使鬼神遍散諸像於天下〔一〕，此其一也。（御覽卷六五七。）

校勘記

〔一〕使鬼神遍散諸像　「鬼神」御覽鮑刻本作「工」，「散」鮑刻本作「造」。

〔朱雀街東第三街，即皇城東之第一街，街東從北第三曰〕永興坊

西門北，魏徵宅。本宇文愷宅，及徵居之，太宗幸焉。時將營小殿賜徵爲堂。（御覽卷一八〇。）

〔次南曰〕崇仁坊

西南隅，景龍觀。（御覽卷一八〇、玉海卷一〇〇。）〔本〕長寧公主宅，既承恩，盛加雕飾，朱樓綺閣，一時勝絕。又有山池別院，山谷虧蔽，勢若自然。中宗及韋庶人數遊於此第，留連彌日，賦詩飲宴，上官昭容操翰於亭子柱上寫之。韋氏敗，公主隨夫爲外官，初欲出賣，木石當二千萬，山池別館仍不爲數〔一〕。遂奏爲觀，請以中宗年號爲名〔二〕。詞人名士，競入遊賞。（御覽卷一八〇。）景雲二年，天臺道士司馬承貞被召，止於此觀。（玉海卷一〇〇。）

校勘記

〔一〕山池別館 「館」御覽鮑刻本作「院」。

〔二〕中宗年號 「年」原佚，據長安志卷八補。

〔次南曰平康坊〕

〔菩提寺。〕佛殿内東壁有鄭法士畫。（歷代名畫記卷三。）

〔次南曰宣陽坊〕

〔萬年縣廨。〕縣門宇文愷所造。高宗末，太平公主出降，於縣廨爲婚第，以縣門窄隘，欲毁之。高宗敕曰：「其宇文愷所作，不須坼，於他所開門。」遂存。（御覽卷一八三。）净域寺。（長安志卷八。）

〔第九曰永崇坊〕

〔懿德太子廟〕。此廟地本是夔、萬等六州邸〔一〕，後爲明堂縣〔二〕，移於永樂坊。神龍初，遂立爲懿德太子廟。（唐會要卷一九。）

校勘記

〔一〕六州邸　「邸」原作「即」，據長安志卷八改。

〔二〕明堂縣　「明堂」原作「乾封」，據元和郡縣志卷一、舊唐書地理志一，乾封元年，分萬年縣置明堂縣，「治永樂坊」；分長安縣置乾封縣，「治懷直坊」。故原文「乾封」應爲「明堂」之謁，今據長安志卷八改。

〔第十一曰〕進業坊〔一〕

慈恩寺。隋無漏寺之故地，武德初廢。貞觀二十年，高宗在春宫，爲文德皇后所立，故以慈恩爲名。南院臨黄渠，竹木森邃，爲京城之最。寺西院浮圖，六級，高三百尺。永徽三年，沙門玄楚所立。浮圖内有梵本諸經數十匣。（分門集注杜工部詩卷八。）玄奘與惠明、靈潤等翻定六百五十七部。（玉海卷三二。）浮圖前東西立太宗皇帝撰三藏聖教序及高宗皇帝述聖記二碑〔二〕，並褚遂良書，立於弘福寺及此寺。（分門集注杜工部詩卷八。）

校勘記

〔一〕進業坊　分門集注杜工部詩卷八引文曰：「西京外郭城朱雀街東第三街、皇城東之第一街進業坊慈恩寺……」案此坊唐人多云晉昌坊，如大慈恩寺三藏法師傳卷七作於「宮城南晉昌里」營建慈恩寺，長安志卷八作「進昌坊」，進、晉音義俱同。此「業」似當爲「昌」字之譌。

〔二〕東西　二碑「西」原作「皆」，案今碑石仍存，分立雁塔塔門東西兩側，「皆」當誤。又玉海卷三二引文曰：「太宗製三藏聖教序，高宗爲太子，又爲述聖記，並勒碑銘，置於慈恩寺浮圖。」

〔朱雀街東第四街，即皇城之東第二街，街東從北第五曰〕

東市

平準署。東北隅有放生池〔一〕。分滻水渠自道政坊東入城〔二〕。西流注之。俗號海池〔三〕。

（御覽卷六二一。）

校勘記

〔一〕東北隅　「北」御覽原佚，據長安志卷八補。

〔二〕入城　「入」御覽原佚，據長安志卷八補。

〔三〕海池　「池」御覽影宋本作「地」，據鮑刻本改。

〔東市南第三日昇平坊〕

〔漢〕宣帝樂遊廟。亦名樂遊苑〔一〕，亦名樂遊原，（玉海卷一七一。）唐長安中太平公主於原上置亭遊賞。其地最高〔二〕，四望寬敞，每三月上巳、九月重陽，士女遊戲就此，祓禊登高，幄幕雲布，車馬填塞，騎羅耀日，馨香滿路，朝士詞人賦詩，翌日傳於京師，故杜少陵有樂遊園歌。（新編古今事文類聚前集卷八。）

校勘記

〔一〕樂遊苑　新編古今事文類聚前集卷八引作「樂遊園，漢宣帝立」。案：園、苑通。

〔二〕最高　二字據玉海卷一七一引文補。

〔朱雀街東第五街，即皇城東之第三街，街東從北第四曰興慶坊〕

〔花萼相輝樓、勤政務本樓。〕開元八年造。（玉海卷一六四。）〔明皇詩石。〕蔡孚有偃松篇，明皇和之刻石〔一〕。（事類賦注卷二四。）

校勘記

〔一〕明皇　原作「玄宗」。案韋述兩京新記成於開元十年，不當有「玄宗」云云語，此係出於後人改竄，今改正。

〔第六曰常樂坊〕〔蝦蟇陵。〕本董仲舒墓，〔長安志卷一一。〕人過者多下馬，因名曰下馬陵，今轉語名蝦蟇陵矣。〔佩觿卷上。〕

〔第九曰昇道坊〕

龍華尼寺。南有流水屈曲，謂之曲江。司馬相如弔秦二世文云「臨曲江之隑州」，蓋其所也。關中記云宣帝立廟曲江之北，名曰樂遊廟，因苑爲名。即今昇平坊内餘址是也。此地在秦爲宜春苑也，漢爲樂遊苑也。〔分門集注杜工部詩卷三。〕及世祖以爲校文之所，在芙蓉園。漢武帝廟在池側。〔太平寰宇記卷二五。〕

兩京新記輯校卷三

〔長安縣所領。朱雀門街之西從北第二曰〕通化坊

淨影寺。沙門慧遠講經。初，在鄉養一鵝，常隨遠聽經。及遠入京，留在寺，晝夜鳴呼不止。僧徒送入京，至此寺大門放之，自然知遠房，便入馴狎。每聞講鐘，即入堂伏聽，若聞泛説他事，鳴翔而出。如是六年，忽哀叫庭宇，不肯入堂，二旬而遠卒。寺内有遠碑，亦述其事。（御覽卷九一九。）東南鄖公殷開山宅。西北顏師古宅。又有歐陽詢宅，時人謂之吴兒坊。（御覽卷一八〇。）

〔第五曰崇業坊〕

〔玄都觀。〕〔一〕闕文成當往〔二〕，及經畢，開元八年〔三〕，八十一卒。給事中裴子餘爲其碑

文，左衛長史郭謙光八分書之。（新記殘卷。）

校勘記

〔一〕玄都觀　下録新記殘卷文乃敘裴子餘撰、郭謙光八分書碑文，其下續以永達坊，故當屬崇業坊。據長安志卷九崇業坊有玄都觀，金石録目録五載唐玄元觀尹尊師碑：「裴子餘撰，郭謙光八分書，開元八年四月。」當即新記所云者。唐會要卷五〇：「玄都觀有道士尹崇通三教，積儒書萬卷，開元年卒。」金石録玄元觀應爲玄都觀之譌。

〔二〕此句前有闕文。

〔三〕八年　福山校：「八」字第二畫消失。

次南曰永達坊（新記殘卷。）

次南曰道德坊。隋有澄虚觀〔一〕，武德中廢。（新記殘卷。）

校勘記

〔一〕澄虛觀　福山校：「虛」志作「靈」。

次南曰光行坊（新記殘卷。）

次南曰延祚坊。坊南街抵京城之南面〔一〕。（新記殘卷。）

校勘記

〔一〕南面　「面」字原無，福山校：「南」下志作「面」。今案依新記殘卷下文通例，當補「面」字。

右朱雀街西九坊。

朱雀街西第二街，北當皇城南面之含光門，街西從北第一曰太平坊。

西南隅，温國寺。景龍元年，殤帝爲温王立。寺内浄土院，爲京城之最妙。西門之北，定水寺。隋開皇十年，荆州總管上明公楊文紀爲禪師惠能所立〔一〕。東南隅，舒王元名宅。今爲户部尚書尹思貞居（新記殘卷。）

校勘記

〔一〕楊文紀　「文」原佚，福山校：「楊」下隋書四八作「文」。今案據隋書本傳補「文」字。

次南曰通義坊

西南隅，興聖尼寺。高祖龍潛舊宅〔一〕。武德元年，以爲通義宫。六年，高祖臨幸，大宴群臣，引見隣里父老，班賜有差。貞觀元年，立爲寺〔二〕。高祖寢堂今見在。景雲二年，寢堂前枯柳樹忽更生，枝條鬱茂如故，有敕封植焉。（新記殘卷。）

校勘記

〔一〕龍潛　二字原互倒，福山校：「潛龍」御覽一七三并雍録二〇及類編長安志五作「龍潛」。今案據御覽等改。

〔二〕立爲寺　「立」原作「元」，福山校：「元」唐會要并御覽及志作「立」。今案據御覽等改。

次南曰興化坊

西南隅，空觀寺。隋開皇七年，右衛大將軍駙馬都尉洵陽公元孝矩捨宅立。西門之北，今邠王守禮宅。宅南隔街有邠王府。（新記殘卷。）

次南曰崇德坊

西南隅，崇聖寺。隋仁壽元年，秦孝王俊捨宅所立〔一〕。東北隅，證果尼寺。隋開皇二年立。（新記殘卷。）

校勘記

〔一〕秦孝王俊　「俊」原作「後」，福山校：「後」志并類志作「俊」。今案隋書卷四五本傳亦作「俊」，據改。

次南曰懷貞坊〔一〕

西南隅，御史大夫樂思晦宅。（新記殘卷。）

校勘記

〔一〕懷貞坊　「貞」原作「真」，岑校：「懷真」，長安志九、城坊考四及長安、咸寧兩縣志圖均作「懷貞」，城坊考引蘇頲唐璿碑及許棠詩亦同，此作「懷真」，當宋人諱改，然由是可見此殘卷本自宋鈔，非唐代鈔本也。今案據改。

次南曰宣義坊（新記殘卷。）

次南曰豐安坊（新記殘卷。）

次南曰昌明坊（新記殘卷。）

次南曰安樂坊坊南街抵京城之南面。（新記殘卷。）

右朱雀街西第二街九坊。（新記殘卷。）

朱雀街西之第三街，即皇城西之第一街，南出安化門，北出芳林門入苑。

街西從北第一曰修德坊

西北隅，興福寺。本左領軍大將軍彭國公王君廓宅〔一〕，貞觀八年，太宗爲穆皇后竇氏追福立。制度華麗，爲京城之壯觀。寺内有碑，面文，賀蘭敏之寫金剛經；陰文，寺僧懷仁集王羲之書寫太宗聖教序及高宗述聖記，爲時所重。（新記殘卷。）

校勘記

〔一〕左領軍大將軍　福山校：「左」志作「右」。今案舊唐書卷六〇本傳作「左」。

次南曰輔興坊〔一〕

東南隅，金仙女官觀〔二〕。景雲二年，睿宗第八女西城公主及第九女昌崇公主並出家〔三〕，爲立二觀，改西城爲金仙，昌崇爲玉真，仍以公主湯沐邑爲二觀之名。制度造爲京城之華麗〔四〕。西南隅，玉真女官觀〔五〕。本工部尚書莘國公竇誕宅，武太后時以其地爲崇先府，景雲二年，爲玉真公主立爲觀。事源物制與金仙同。此二觀南街東當皇城之安福門，西出京城之開遠門，車馬往來，實爲繁會。而二觀門樓綺榭，聳對通衢，西土夷夏，自遠而至者，入城遥望，窅若天中。（新記殘卷。）

校勘記

〔一〕次南　「南」原作「東」，福山校：「東」志作「南」。今案吕大防長安圖殘石輔興坊亦在修德坊南，據改。

〔二〕金仙女官觀　福山校：「官」志作「冠」（官冠通用）。

〔三〕昌崇公主　「崇」原作「宗」（下同），岑校：長安志一〇「昌宗」作「昌隆」，余按玄宗名隆基，故韋記諱改爲「昌崇」，此作「昌宗」譌。今案據改。

〔四〕制度造爲　福山校：「度」當衍。今案福山説疑是。

〔五〕玉真女官觀　福山校：「官」志作「冠」。

次南曰頒政坊

南門之東，龍興寺。貞觀五年，太子承乾所立。西北隅本隋之惠雲寺。有舊佛殿〔一〕，今見在。有鄭法輪之畫跡〔二〕。十字街東之北，建法尼寺。隋開皇三年，坊人田通所立。隋文帝初移都，便出寺額一百二十枚於朝堂〔三〕，下制云〔四〕：有能修造，便任取之。通孤貧，孑然唯有圜堵之室，乃發憤，詣闕請額而還。置於所居，柴門甕牖，上穿下漏。時陳臨賀王叔敖母與之隣居〔五〕，又舍宅以足之，其寺方漸營建也〔六〕。十字街北之東，澄空尼寺〔七〕。本工部尚書段綸之祖廟，貞觀十七年，立爲真空寺，武太后改爲澄空寺。西北隅，大崇福觀。本楊士達宅〔八〕，咸亨中〔九〕，爲太平公主立。有道士劉寶概者，京兆三原人，善講論，爲時所重。垂拱中卒，御史中丞李嗣真臨弔哭〔一〇〕，賦詩申意。（新記殘卷。）

校勘記

〔一〕有舊佛殿　「有舊」原作「舊有」，福山校：「舊有」志作「有舊」。今案據改。

〔二〕鄭法輪之畫跡　「畫」原作「書」，福山校：「書」志作「畫」。今案歷代名畫記卷三：「龍興寺佛殿鄭法輪畫。」據改。

〔三〕一百二十枚　原作「一百枚」，岑校：「一百」，長安志作「一百二十」，按續高僧傳一九法藏傳，「大象二年五月二十五日，隋祖作相，……令遺藏共竟陵公檢校度僧百二十人」，曇獻傳亦有「百二十僧」語，度僧如此，方諸寺額，似亦百二十爲合也。今案從岑説增補「二十」。

〔四〕下制云　「云」原作「之」，福山校：「之」志作「云」。今案據改。

〔五〕叔敖母與之隣居　「敖」原作「教」，福山校：「教」志作「敖」。今案陳書卷二八本傳作「敖」，據改。又「之」字原佚，福山校：「與」下志作「之」。今案據補。

〔六〕方漸營建　福山校：「方」原闕字，據志補。

〔七〕澄空尼寺　「寺」原作「字」，福山校：「字」志作「寺」。今案據改。

〔八〕楊士達宅　原作「楊士宅」，福山校：「士」下唐會要五〇作「建」，志作「達」。今案隋書卷四三本傳作「楊士達」，據改。

〔九〕咸亨　「亨」原作「享」，福山校：「享」志作「亨」。今案據改。

〔一〇〕弔哭　「弔」原作「予」，福山校：「予」佚存叢書本作「弔」。今案從改。

次南曰布政坊

西門之南，法海寺。本隋江陵總管清水公賀拔華宅，開皇七年〔一〕，爲沙門法海捨宅奏立爲寺〔二〕，因以法海爲名。咸亨元年〔三〕，寺内有英禪師，具言每見鬼〔四〕。寺主沙門惠簡，嘗日晚見二人行不踐地，入英房中。惠簡怪而問之，英曰：向秦莊襄王遣人傳語，飢虚甚久，以師大慈，又自有所見〔五〕，從師乞一餐，並從者三百許人〔六〕，勿辭勞費也。吾已報云後日晚食當來，專相候也。惠簡便以酒脯助之。至時，秦王果至，侍從甚衆，貴賤羅列，坐食甚急〔七〕。謂英曰：弟子不食八十年矣。英問其故〔八〕，答曰：吾生時未有佛法，地下見責功德，吾但以放生矜恤惸孤應之〔九〕。以福薄，受罪未了。受此一餐，更四十年方便得食〔一〇〕。因指座上人曰：此是白起，此是王翦，爲殺人多，受罪未了。又指一人云：是陳軫，爲多虚詐，亦受罪未了。英曰：王何不從人索食〔一一〕，自受飢窘。答曰：慈心人少，且餘人又不相見，吾貴人，又不可妄作禍祟，所以然也。因指酒脯曰：寺主將來耶？深有所愧。臨去謂英曰：甚愧禪師，弟子有物在，即送相償。城東通化門外尖塚是弟子墓〔二〕，俗人不知，妄云吕不韋塚。英曰：往遭赤眉發掘，何得更有物在？鬼曰：賊將粗物去，好者深，賊取不得，今見在。英曰：貧道出家，無用物處，必莫將來。言訖，揖謝而去。

北門之東，濟法寺。隋開皇二年，沙門法藏所立。十字街東之北，明覺尼寺。本隋御史大夫裴藴宅。開皇中，太保河間王弘立爲寺。開皇七年〔三〕，鑄鐘，未擊自鳴，散騎常侍元行沖以贊其事焉。東北隅，右金吾衛。西南隅，胡祆祠。武德四年所立，西域胡天神，佛經所謂摩醯首羅也。

（新記殘卷。）

校勘記

〔一〕開皇七年　福山校：「七」志作「九」。

〔二〕爲沙門法海　「爲」下原重一「々」，福山校：「々」當衍。今案從删。

〔三〕咸亨　「亨」原作「享」，福山校：「享」當作「亨」。今案從改。

〔四〕具言每見鬼　原作「具戒見鬼」，當有誤。福山校：「戒」太平廣記三二八作「言每」。今案據改。

〔五〕又自有所見　此句原佚，據廣記卷三二八沙門英禪師條引文補。

〔六〕三百　福山校：「三」太平廣記作「二」。

〔七〕坐食　「坐」原佚，據廣記卷三二八引文補。

〔八〕英問其故　「問」原作「間」，據廣記卷三二八引文改。

〔九〕放生矜恤惸孤　原作「放赦矜恤」，據廣記卷三二八引文改。

〔一〇〕更四十年方便得食　原作「更卌年矣」，據廣記卷三二八引文改。

〔一一〕從人索食　「人」原佚，福山校：「從」下太平廣記作「人」。今案據補。

〔一二〕通化門外　「外」原佚，據廣記卷三二八引文補。

〔一三〕開皇七年　岑校：上文已著開皇中，此開皇必開元之訛，據舊書一〇二、開元七年，行沖正由大理卿轉左散騎常侍，行沖官終太子賓客，卒贈禮尚，今稱常侍，故知舉其見官也。又依此，知韓書成在此後。福山氏以其理由不盡充分，以爲「開皇七年」未必有誤。今案當以岑說爲是，然姑仍其舊。

次南曰延壽坊

南門之西，懿德寺。隋開皇六年，刑部尚書萬安公李圓通所立。神龍元年，中宗爲懿德太子追福，改名加飾焉〔一〕。禪院内有大石臼，重五百斤。隋末鄠縣沙門法通自終南扛來〔二〕。法通少出家，初極尪劣〔三〕，同侶輕之。乃發憤，乞願壯健，晝夜不捨。後因晝寐樹下，口中涎沫流出三升，其母驚，遽呼覺。通曰：忽夢大人遺三馱筋〔四〕，使通噉之，適噉一馱，便驚悟耳。自爾便壯健特異〔五〕，試舉大木石〔六〕，不以爲困。此寺僧行戡，本稱膂力，通遂竊其袈裟，舉堂柱以壓之。行戡望見驚異，盡力莫能取之。通乃徐舉柱以取，衆大駭。通力兼百人，時人咸伏，以爲神力。（新記殘卷。）東南隅〔七〕，駙馬都尉裴巽宅。高祖末，裴行儉居之。自行儉以前，居者輒死。自儉卜居，有狂僧突入，髡其庭中大柳樹，中有豕走出，徑入北隣。其家數月暴死盡，此宅清晏。（御覽卷一八〇。）

校勘記

〔一〕改名　原作「重」，長安志卷一〇、廣記卷九五法通條引佚文俱作「改名」，案新記云加飾此寺乃爲懿德太子追福，故懿德寺名亦當本於此，故從長安志等改。

〔二〕沙門法通自終南扛來　「沙門」原作「人開」，據廣記卷九五法通條引文改。「扛」原作「社」，岑校：「社」，粤本校「扛」，粤校是也。今案從改。

〔三〕尫劣　「尫」原作「偟」，福山校：「偟」續高僧傳卷二五并太平廣記卷九五作「尫」。今案從改。

〔四〕大人遺三馱筋　「大」廣記卷九五法通條引文作「有」。「馱筋」原作「馱蓟」，岑校：「馱」據字書從「大」是，下同。「蓟」字誤，廣記作「筋」，噉馱筋而長力，合於舊社會之傳信，應從廣記。今案從改。

〔五〕壯健特異　「健」原無，據廣記卷九五法通條引文補。

〔六〕木石　二字廣記卷九五法通條引文作「石臼」。

〔七〕東南隅　「南」字原佚，據長安志卷一〇補。

次南曰光德坊

東南隅，京兆府廨〔一〕。後魏始光四年置〔二〕。府内廨宇並隋開皇中制度，其後隨事改作。

開元九年，孟温禮爲京兆尹〔三〕，奏以贓贖錢修理繕葺焉。西南隅，勝光寺。本隋幽州總管燕榮宅〔四〕。寺西院有畫行僧及團花，貞觀初中散大夫尚方令王定所寫〔五〕，爲京城所重。十字街東之北，慈悲寺。武德元年，高祖爲沙門曇獻所立。初，曇獻屬隋末飢饉，常以賑給貧乏爲事，故以慈悲爲名。（新記殘卷。）

校勘記

〔一〕京兆府廨　「兆」原作「非」，福山校：長安志作「兆」，下同。今案據改。

〔二〕始光四年　「始光」原作「武光」，案北魏年號無「武光」，福山校：北魏始光三年十一月，太武帝襲赫連昌，昌弟助興自長安西走。十二月，長安歸魏（魏書四、元和志一、長安志一）。故「武」當作「始」。今案從改。又案岑校云「太武之始光、東魏之武平，雍州非其所有；相近者文成之興光、孝明之正光耳，疑正光誤」，始光時長安已歸魏，如福山氏所論，而「始」、「興」、「正」三字中「始」與「武」字形最相近，故從福山説。

〔三〕開元九年　「九」原作「元」，岑校云：「元年」字誤否待考。今案册府元龜卷一五九載孟温禮居職京兆尹在開元九年。舊唐書卷一〇六張暐傳載暐及太平之敗，又加權兼雍州長史，改元開元，以雍州爲京兆府，長史爲尹，暐首遷京兆尹。新唐書卷一二四宋璟傳又載璟遷雍州長史，玄宗開元初以雍州爲京兆府，復爲尹。是則張暐、宋璟二人在開元初先後任京兆尹，無孟温禮開元元年任京兆尹事。高陵縣近出土唐開元九年冬達奚珣撰東渭橋記碑殘石，記云其橋乃「京尹孟公」當年主持修建，可證孟温禮任京兆尹乃在開元九年，新記「元」乃「九」字之譌。

〔四〕燕榮宅　「榮」原作「策」，福山校：隋書二七及七四作「榮」。今案據改。

〔五〕中散大夫尚方令　原作「中尚令」，岑校：歷代名畫記九云，「王定，官至中散大夫、尚方令，貞觀初得名，筆跡甚快」，依此，則「中」與「令」之間，殆闕「散大夫尚方」五字。今案新唐書卷五九藝文志三載「王定畫本草訓誡圖，貞觀尚方令」，故從岑校改。

次南曰延康坊

西南隅，西明寺。本隋尚書令越國公楊素宅。大業中，素子玄感誅後没官。武德初，爲萬春公主宅。貞觀中，賜濮恭王泰。泰死後官市之立寺〔一〕。寺内有楊素舊井，玄感被誅，家人以金投井，後人窺見，鈞汲無所獲，今寺衆謂之靈井，在僧廚院内。初，楊素用事隋朝，奢僭過度，製造珍異，資貨儲積。有美姬，本陳太子舍人徐德言妻，即陳主叔寶之妹。才色冠代，在陳封樂昌公主。初與德言夫妻情義甚厚，屬陳氏將亡，德言垂泣謂妻曰：「今國破家亡，必不相保。以子才色，必入帝王貴人家。我若死，幸無相忘；若生，亦不可復相見矣！雖然，共爲一信。」乃擊破一鏡，各收其半。德言曰：「子若入貴人家，幸將此鏡令於正月望日市中貨之。若存，當冀志之知生死耳。」及陳滅，其妻果爲隋軍所没。隋文以賜素，深爲素所寵嬖。爲營别院，恣其所欲。陳氏後令閹奴望日齎破鏡詣市，務令高價。果值德言，德言隨價便酬〔二〕，引奴歸家，垂涕以告其故，並取己片鏡合之。仍寄其妻題詩云〔三〕：「鏡與人俱去，鏡歸人不歸。無復恒娥影〔四〕，空餘明月輝。」陳氏得鏡，見詩，悲愴流淚。因不能飲食。素怪其慘悴而問其故，具以事告。素憯然爲之改容，使召德言，還其妻，並衣衾悉與之〔五〕。陳氏臨行，素邀令作詩敘别，固辭不免，乃爲絶句曰：「今日何遷次，新官對舊官。笑啼俱不敢，方驗作人難。」時人哀陳氏之流落，而以素爲寬惠焉。（新記殘卷。）楊素又有美妾〔六〕，姿色絶倫。時有千牛桑和，有妖蠱異術，常云：「一見婦人，便即能致。」煬帝嘗密使入竊之〔七〕。素宅深邃，和朝奉詔，其夜便竊以匿。煬帝奇其能，便詔素賜之。（御覽卷七三五。）東南隅，靜法寺。隋開皇十年，左武候大將軍陳國公竇抗立。西院中有木浮圖，抗弟璡爲母安成公主立〔八〕。高一百五十尺，皆伐抗園梨木充用焉。（新記殘卷。）北門之西，中書令閻立本宅〔九〕。宅内西亭有立本畫山水之跡〔一〇〕。（御覽卷一八〇。）

校勘記

〔一〕官市之立寺　「之」原佚，據長安志卷一〇補。

〔二〕果值德言德言隨價便酬　二「德言」原作「德々言々」，福山校云：「德」以下四字佚存叢書本作「德言德言」，今案從改。

〔三〕仍寄其妻題詩　「仍」原作「及」，御覽卷三〇載德言同事作「仍」，今從改。

〔四〕恒娥　福山校：「恒」本事詩作「嫦」，御覽卷三〇作「姮」。

〔五〕並衣衾悉與之　「衣衾悉」原作「夜裝恚」，福山校：「夜」以下三字佚存叢書本作「衣衾悉」，今案從改。

〔六〕又有美妾　「又」原無，此條屬坊未詳，以涉楊素事，故附此。「又」字意增。

〔七〕使入竊之　御覽影宋本作「使人竊之」，鮑刻本作「使人竊入」，均不够通順，此據文意合二本意改。

〔八〕安成公主　原作「成安公主」，福山校：隋書卷一高祖紀上并卷三九竇榮定傳作「安成」。今案據改。

〔九〕閻立本宅　此條御覽原引作「延壽坊北門之西」，案御覽同卷在「閻立本宅」條前隔「通化坊」條同引新記文已有「延壽坊裴巽宅」等事。不當在此復別引延壽坊文，檢長安志卷一〇，延康坊有閻立本宅，是知御覽引新記「延壽坊」乃「延康坊」之譌。今據改。

〔一〇〕立本畫山水　「山」御覽影宋本原脱，此據鮑刻本及長安志卷一〇補。

次南曰崇賢坊

十字街北之西，大覺寺。開皇三年〔一〕，文帝醫人周子粲所立〔二〕。子粲家代方術〔三〕，深爲隋主所重。其地本粲之佛堂也。西門之南，法明尼寺。開皇八年，長安富商王道買捨宅所立。（新記殘卷。）

校勘記

〔一〕三年　福山校：「三」長安志作「二」。今案新記云寺本子粲佛堂，而開皇三年三月始入新都大興城，故似當以「三年」爲是。

〔二〕周子粲　福山校：「粲」長安志作「臻」、佚存叢書本作「祭」，下同。

〔三〕家代方術　「代」應爲「世」，韋述避唐太宗諱改書。「術」原作「述」，福山校：「述」當作「術」。今案佚存叢書本作「術」，從改。

次南曰延福坊

西南隅，紀國寺。開皇六年，獻皇后爲母紀國夫人崔氏所立也。東南隅，鄎王府。舊新都寺，寺廢，今爲鄎王府。（新記殘卷。）

次南曰永安坊（新記殘卷。）

次南曰敦義坊（新記殘卷。）

次南曰大通坊（新記殘卷。）

次南曰大安坊坊南街抵京城之南面〔一〕。（新記殘卷。）

校勘記

〔一〕南面　「南」原作「東」，福山校：「東」長安志作「南」，今案據改。

右皇城西之十三坊。（新記殘卷。）

朱雀街西之第四街，即皇城西之第二街〔一〕，街西從北第一曰

安定坊

東南隅，千福寺。本章懷太子宅，咸亨四年，捨宅立爲寺。西南隅，福林寺。武德元年所立。東北隅，五通觀。隋開皇八年，爲道士焦子順所立。子順能驅使鬼神，受諸符籙〔二〕，預告隋文受命之應。及即位，授上開府、永安公、徐州刺史，固辭。常諮謀軍國，出入臥内〔三〕。帝恐其往還疲頓，令選近所〔四〕，於此立觀，仍以五通爲名焉。（新記殘卷。）

校勘記

〔一〕皇城西之第二街　「西之」原佚，福山校：「城」下長安志作「西之」，今案據補。又「二」原作「三」，福山校：「三」唐兩京城坊考作「二」，今案據改。

〔二〕符籙 「籙」原作「録」，福山校：「録」長安志作「籙」，今案據改。

〔三〕出入臥内 「入」原佚，福山校：「出」下當作「入」，今案從補。

〔四〕近所 「所」原佚，據文意徑補。

次南曰休祥坊

東北隅，崇福寺。本開府儀同三司觀國公楊恭仁宅〔一〕，咸亨元年，以武皇后外氏故宅立。

東南隅，萬善尼寺。周宣帝大象二年立。開皇二年，度周氏皇后嬪御已下千餘人爲尼以處之也。

寺西，昭成尼寺。先天二年，爲昭成皇后立爲昭成寺〔二〕。（新記殘卷。）

校勘記

〔一〕觀國公 「國」原佚，據舊唐書卷六二本傳補。

〔二〕昭成皇后 「成」原作「城」，福山校：「城」長安志作「成」。今案本文上下文俱作「成」，長安志卷一〇及舊唐書卷五一后妃傳上同，故據改。

次南曰金城坊本漢博望苑之地。初移都，割以爲坊，百姓分地板築，土中見金聚〔一〕，欲取便没〔二〕。以事上聞〔三〕，隋文曰：「此朕之金城之兆〔四〕。」因以「金城」爲坊名。

北門，有漢戾后園〔五〕。即戾太子史良娣墓，宣帝改葬於此。其地本白亭〔六〕。園東南，漢博望苑。漢武帝爲戾太子立，本杜門外道之東也。東南隅，開善尼寺。隋開皇中，宫人陳宣華〔七〕、蔡容華二人所立。西南隅，會昌寺。義寧元年，義師入關，太宗頓兵於此。武德元年，因立此寺。十字街南之東，樂善寺〔八〕。開皇六年，尉遲迥孫大師爲其祖所立焉〔九〕。（新記殘卷。）

校勘記

〔一〕金聚　「聚」原佚，福山校：「「金」下長安志作「聚」」，今案據補。

〔二〕欲取便没　「没」原佚，福山校：「「便」下長安志作「没」」，今案據補。

〔三〕上聞 「聞」原作「開」，福山校：「開」當作「聞」，今案從改。

〔四〕金城之兆 「兆」原作「化」，福山校：「化」長安志作「兆」，今案據改。

〔五〕戾后園 原作「戾園」。據漢書卷六三戾太子傳，戾太子葬於湖，「以湖閿鄉邪里聚爲戾園」；戾太子史良娣亦即戾后「葬長安城南」，以「長安白亭東爲戾后園」。故「戾」下當脱「后」字，今據補。

〔六〕白亭 「白」原作「曰」，據漢書卷六三戾太子傳改，參見本節注〔五〕。

〔七〕陳宣華 「華」原作「葬」，據隋書卷三六本傳改。

〔八〕樂善寺 福山校：「善」下長安志作「尼」。

〔九〕尉遲迥孫大師 「迥」原作「迴」，福山校：「迴」長安志畢本作「迥」。今案隋書卷一高祖紀上等亦作「迥」，據改。又岑校：「大師」，長安志作「太師」；按迥官太師，豈「孫太師」爲「太師孫」之誤倒歟。今案岑説無據，長安志畢刻本作「太師」，別本亦有作「大師」者（如文淵閣四庫全書本），「大師」爲名，唐人固已有之，如舊唐書卷八三張儉傳載儉兄即名「大師」。故此仍依其原文。

次南曰醴泉坊

本名承明坊〔一〕。開皇初繕築此坊〔二〕，忽聞金石之聲，因掘得甘泉浪井七所〔三〕，飲者疾愈，因以名坊及寺焉。

西南隅，三洞女官觀。隋開皇七年所立也。觀北，妙勝尼寺。開皇三年，周平原公主所立。十字街北之西，醴泉寺。初，隋文於此置醴泉監〔四〕，以甘泉水供御廚〔五〕。開皇十三年〔六〕，廢監立寺焉。十字街南之東，波斯胡寺。儀鳳二年，波斯王卑路斯奏請於此置波斯寺〔七〕。西北隅〔八〕，祆祠〔九〕。（新記殘卷。）異僧萬迴宅〔一〇〕。萬迴師，閿鄉人也。俗姓張氏。初母祈於觀音像而因娠迴。迴生而愚，八九歲乃能語，父母亦以豚犬畜之。年長，父令耕田，迴耕田直去不顧，口但連稱平等。因耕一壟，耕數十里，遇溝坑乃止。其父怒而擊之，迴曰：「彼此總耕，何須異相。」乃止擊而罷耕。迴兄戍役於安西，音問隔絕，父母謂其死矣，日夕涕泣而憂思焉。迴顧父母感念之甚，忽跪而言曰：「涕泣豈非憂兄耶？」父母且疑且信，曰：「然。」迴曰：「詳思我兄所要者，衣裘糗糧巾履之屬，請悉備焉，某將往之。」忽一日，朝齎所備而往，夕返其家。告父母曰：「兄平善矣！」

視之乃兄跡也，一家異之。弘農抵安西，蓋萬餘里，以其萬里迴，故號曰「萬迴」也。先是玄奘法師向佛國取經，見佛龕題柱曰：「菩薩萬迴，謫向閿鄉地教化。」奘師馳驛至閿鄉縣，問此有萬迴師無，令呼之。萬迴至，奘師禮之，施三衣瓶鉢而去。後則天追入内，語事多驗。時張易之大起第宅，萬迴常指曰：「將作。」人莫之悟。及易之服誅，以其宅爲將作監。常謂韋庶人及安樂公主曰：「三郎斫汝頭。」韋庶人以中宗第三，恐帝生變，遂鴆之，不悟爲玄宗所誅也〔一一〕。又睿宗在藩邸時，或遊行人間，萬迴於聚落街衢中高聲曰：「天子來！」或曰：「聖人來！」其處信宿間睿宗必經過徘徊也。惠莊太子，即睿宗第二子也，初則天曾以示萬迴，萬迴曰：「此兒是西域大樹精，養之宜兄弟。」後生申王，儀形瓌偉，善於飲啖。景龍中，時時出入，士庶貴賤，競來禮拜。萬迴披錦袍，或笑罵，或擊鼓，然後隨事爲驗。太平公主爲造宅於己宅之右，景雲中，卒於此宅。臨終大呼，遣求本鄉河水。弟子徒侣覓無，萬迴曰：「堂前是河水。」衆於階下掘井，忽河水湧出，飲竟而終。此坊井水，至今甘美。（廣記卷九二。）

校勘記

〔一〕本名承明坊　此句原佚，據御覽卷一八九引文補。

〔二〕繕築此坊　「繕」原佚，據御覽卷一八九引文補。

〔三〕甘泉浪井　「浪井」原佚，據御覽卷一八九引文補。

〔四〕於此置醴泉監　「於」原佚，據長安志卷一〇補。

〔五〕御廚　「廚」原佚，福山校：「御」下長安志作「廚」，今案據補。

〔六〕開皇十三年　福山校：「三」長安志作「二」。

〔七〕卑路斯　「卑」原作「畢」，岑校：「畢」，長安志一〇作「卑」，舊書一九八、元龜九六四、新書二二一下均同，卑、畢往往涉似而譌。今案據長安志等改。

〔八〕西北隅　福山校：「北隅」長安志作「門之南」。

〔九〕祆祠　「祆」原作「袄」，福山校：「袄」長安志作「祆」。今案據改。

〔一〇〕異僧萬迴宅　此句意增。本條出廣記引「談賓録及兩京記」，原屬坊不詳，岑校云：宋高僧傳一八萬迴傳云，「太平公主爲造宅於懷遠坊中，與主宅前後爾」，則萬迴宅在懷遠坊，與醴泉坊相近也。依此推之，韋記懷遠坊下應有萬迴宅一段記事，於今已佚。今案長安志卷一〇醴泉坊東南隅太平公主宅下云「宅北有異僧方回宅，太平公主爲造之」，「方回」應即「万（萬）回」筆譌。宋志多本韋記，福山氏云：宋高僧傳萬迴傳所依據材料之一的開元二十五年徐彦伯撰萬回神跡記碑載，玄宗爲其營居室於「醴泉里」（集古録目卷三），故當從宋志。今即本福山氏説，以廣記引文補此。

〔二〕玄宗　案兩京新記作於開元十年，不當有「玄宗」語，此當爲談賓録語或廣記引新記文而有所改竄。

次南曰西市

隋曰利人市〔一〕。南北盡兩坊之地〔二〕。隸太府寺。市内店肆如東市之制。市署前有大衣行。雜糅貨賣之所，訛言反説，不可解識。（新記殘卷）市西北隅有海池，長安中僧法成所穿，分永安渠以注之，以爲放生之所。穿池得古石銘云：「百年爲市，而後爲池。」自置都立寺，至是時，百餘年矣！（御覽卷一九一。）池側有佛堂，皆沙門法成所造。市署前有市令載敏碑，蒲州司兵徐彦伯爲其文也。（新記殘卷。）

校勘記

〔一〕利人市　岑校：「利人」殆本名「利民」，韋爲唐諱改。今案岑説當是。

〔二〕兩坊之地　「兩」原作「雨」，福山校：「雨」長安志作「兩」。今案據改。

次南曰懷遠坊

東南隅，大雲經寺。開皇四年，文帝爲沙門法經所立。寺内有二浮圖，東西相值。塔内有鄭法輪、田僧亮、楊契丹畫跡及巧工韓伯通塑作佛像，故以三絶爲名〔一〕。十字街東之北，功德尼寺。隋開皇七年〔二〕，周宣帝女細腰公主所立〔三〕，武德中移於此。（新記殘卷。）

校勘記

〔一〕有鄭法輪……韓伯通塑作佛像故以三絶爲名　「有」原佚，據長安志卷一〇補。「塑」原作「素」，據長安志卷一〇改。鄭法輪及「三絶塔」，歷代名畫記卷八云：「光明寺後爲大雲（經）

寺，今長安懷遠里是也……田（僧亮）、楊（契丹）與鄭法士同於京師光明寺畫小塔……是稱『三絶』。」是知所謂「三絶」者不及韓伯通塑像，韋記原文不够清楚。又案鄭法輪爲法士弟，歷代名畫記卷八稱其畫師法士，精密有餘而高奇未足，是不足以與田僧亮、楊契丹並稱大家，應以歷代名畫記爲是，畫光明寺塔者爲鄭法士。

〔二〕七年　福山校：「七」長安志静嘉堂本作「二」、畢刻本作「五」。

〔三〕細腰公主　「腰」原作「要」，福山校：「要」長安志作「腰」。今案據改。

次南曰長壽坊〔一〕

西南隅，長安縣廨。去府六里。南門之東，永泰寺。神龍中，中宗爲永泰公主追福所立。寺内東精舍，有隋朝散大夫鄭法士畫釋迦滅度之變〔二〕。右院廊有滕王庫真李雅畫聖僧之跡也〔三〕。北門之東，大法寺。武德中，左光禄大夫李安遠所立焉。十字街西之北，崇義寺。武德二年〔四〕，桂陽公主爲駙馬都尉趙慈景所立焉〔五〕。（新記殘卷。）

校勘記

〔一〕長壽坊　「壽」原作「受」，福山校：「受」長安志并元和志卷一、舊書卷三七、寰宇記卷二五作「壽」。今案據改。

〔二〕朝散大夫　「朝散」原作「中」，岑校：隋人諱「忠」，無中大夫，名畫記八，「入隋，授中散大夫」，按隋書二八祇有朝散大夫，正四品，中散當朝散譌。今案從改。

〔三〕右院廊有滕王庫真　「右」原作「左」。「院」字意補，此處原殘損一字，福山氏意補爲「右」，岑氏云，此可補「西」字。今案歷代名畫記卷三云：「永泰寺殿及西廊李雅畫聖僧，東廊懸門楊契丹畫。」據此，李雅畫迹在寺之西廊，東廊則爲楊契丹畫，東、西對舉，方位不當有誤。若如福山氏補以「右」字，則東西兩廊當同有李雅畫，與名畫記不合；若如岑氏補以「西」字，則一來「左西廊」不成文句，二來寺廟一般均坐北朝南，左廊即東廊，解作「東西廊」，實際同於福山氏，解作「西廊」又與上「左」字自相悖戾，也不合原意。依歷代名畫記，兩京新記「左」當爲「右」形譌，其下闕字應意補爲「院」，即右院廊（西廊）有李雅畫，左院廊（東廊）懸門有楊契丹畫。又李雅官滕王庫真，福山校：「真」歷代名畫記作「直」，岑氏云：按史亦有稱庫真者。今案曲石精廬藏唐墓誌收景城縣令京兆獨孤公（澄）墓誌銘云：「父達，齊王府庫真。」故今仍新記舊文。

〔四〕武德二年　福山校：「二」唐會要作「三」。

〔五〕駙馬都尉　「都尉」原佚，福山校：「馬」下長安志作「都尉」。今案據補。

次南曰嘉會坊

西南隅，哀義寺〔一〕。本周太保吴武公尉遲綱宅〔二〕。初，綱兄迥置妙象寺於故都城中〔三〕，移都後，綱捨宅復立於此〔四〕，改名哀義寺。其殿堂屋宇並故都舊寺之材木〔五〕。十字街西之北，靈安寺。武德三年，高祖爲衛懷王玄霸所立。（新記殘卷。）

校勘記

〔一〕哀義寺　福山校：「哀」長安志作「褒」，下同。今案歷代名畫記卷三等亦作「褒」，岑氏云「二字通用」。

〔二〕周太保吴武公尉遲綱　「周」原作「隋」，「綱」原作「剛」，據周書卷二〇本傳，當名綱，綱卒於北周天和四年，作「隋太保」亦誤，今正之。下同。

〔三〕綱兄迥　「迥」原作「迴」，福山校：「迴」長安志畢本作「迥」。今案周書卷二一本傳作「迥」，今據改。

〔四〕綱捨宅復立於此　案，據周書本傳，綱卒於北周天和四年，不當立寺於大興城中，福山氏云：「新記有誤，恐綱當作安。」今案安即綱子，福山説或是。

〔五〕材木　「材」原作「林」，福山校：「林」長安志作「材」。

次南曰永平坊

東門之北，宣化尼寺。隋開皇五年，周昌樂公主及駙馬都尉尉遲安捨宅立。寺門金剛，上人雍法雅所制，頗有靈跡。有一尼，常傾心供養。武太后移往東都，至坊北隅〔一〕，牛住不行，牽成益重。其尼拜呪，便動。至都，置於天堂供養。後天堂災，因是燼滅。（新記殘卷。）

校勘記

〔一〕坊北隅 「北」上當脱一字，或當爲「東」。

次南曰通軌坊（新記殘卷。）

次南曰歸義坊

全一坊隋蜀王秀宅。隋文帝以京城南面闊遠，恐竟虚耗，乃使諸子並於南郭立第〔一〕。時秀有寵，封土殷富〔二〕，起第最華〔三〕。今周垣舊跡見在。秀死後没官，今爲家令寺園。（新記殘卷。）

校勘記

〔一〕乃使 「使」原作「便」，福山校：「便」長安志作「使」。今案據改。

〔二〕封土　「土」原作「士」，福山校：「土」佚存叢書本作「土」。今案從改。

〔三〕起第最華　「第」原作「弟」，福山校：「弟」佚存叢書本作「第」。今案從改。又「華」原作「花」，二字通，今改爲「華」，以求規範。

次南曰昭行坊坊南街抵京城之南面。（新記殘卷。）

右皇城西之第二街之十一坊及西市。

朱雀街西第五街，即皇城西之第三街〔一〕。**街西從北第一曰修真坊**今坊之南門，門扉即周之太廟門板也。

坊内有漢靈臺。漢平帝元始四年所立，望雲物之所，今餘址高五尺，周迴一百廿步。（新記殘卷。）

校勘記

〔一〕皇城西之第三街　「之」原佚。福山校：「西」下長安志作「之」。今案據補。

次南曰普寧坊南街西出通開遠門。

坊西街有漢太學餘址〔一〕。其地本長安故城南安門之外焉。次東漢辟雍。漢元始四年所立。東南隅，東明觀。明慶元年〔二〕。孝敬昇儲所立。規度擬西明之制〔三〕。長廊廣殿，圖畫雕刻。道家館舍，無以爲比。觀内有道士馮黄庭碑，又有道士巴西李榮碑，永樂李正己爲其文也。

十字街東之北，靈化寺。隋開皇二年，沙門善告所立〔四〕。其地本告之宅。講堂北有古塚，不詳姓名，高五丈〔五〕。僧徒夜暮見人〔六〕，儀仗偉然，乘白馬，著白袴褶，翼從甚衆。或有壂掘塚土，多見災異焉。西北隅，祆祠〔七〕。

校勘記

〔一〕太學　「太」原作「大」，徑改。

〔二〕明慶元年　福山校：「明」唐會要卷五〇及長安志作「顯」，作「明」者避中宗諱也。

〔三〕擬西明之制　「擬」原殘闕，意補。

〔四〕善告　福山校：「告」長安志作「吉」，下同。

〔五〕五丈　「丈」長安志卷一〇作「尺」。

〔六〕見人　「見」字原殘闕，據福山氏意補。

〔七〕祆祠　「祆」原作「祓」，福山校：「祓」長安志作「祆」。今案據改。

次南曰義寧坊

南門之東，化度寺。隋左僕射齊國公高熲宅〔一〕。開皇三年，熲捨宅奏立爲寺。時有沙門信行，自山東來，熲立院以處之。乃撰三階集卅餘卷，大率以精苦忍辱爲宗。言人有三等，賢、愚、中庸，今並教之，故以三階爲名。其化頗行，故爲化度寺。寺内有無盡藏院〔二〕，即信行所立。京城施捨，後漸崇盛。貞觀之後，錢帛金玉積聚，不可勝計。常使名僧監藏，供天下伽藍修理。藏内所供〔三〕，燕、涼、蜀、趙，咸來取給，每日所出，亦不勝數。或有舉便，亦不作文約，但往，至期還送而已。貞觀中，有裴玄智，戒行修謹，入寺灑掃十數年間。寺内徒衆以其行無玷玦，使守此藏。後密盜黄金，前後所漸，略不知數。寺衆莫之知也。遂便不還〔四〕。衆驚，觀其寢房，内題詩云：「將羊遣狼放，置骨狗前頭〔五〕。自非阿羅漢，誰能免作偷。」竟不知所之。武太后移此藏於東都福先寺，天下物産〔六〕，遂不復集。乃還移舊所。開元元年，敕令毁除，所有錢帛，供京城諸寺修緝毁壞。其事遂廢〔七〕。（新記殘卷。）廢寺有儷石，徑二尺餘，孔穴通連，若欄綺樓臺之狀，號曰蟻宫。昔有人見大蟻萬計群聚，皆金色，因掘地及泉，得此石焉。（事類賦注卷三〇。）西北隅，積善尼寺。隋開皇十二年，左僕射高熲妻賀拔氏所立〔八〕。其地本賀拔氏之别第。十字街東之北，波斯胡寺。（新記殘卷。）

校勘記

〔一〕高熲　「熲」原作「潁」，據隋書卷四一本傳并長安志卷一〇改。下同。

〔二〕無盡藏院　「無」原作「元」，福山校：「元」當作「无（無）」。今案據長安志卷一〇從福山校改。

〔三〕常使名僧監藏供天下伽藍修理藏内所供　此句下原文重出「天下伽藍修理」六字，岑校云：此當有羨誤，然黄本改爲「藏内所供之伽藍，時常修理，不使稍有晦色」，殊無據也。福山氏則云前「供天下伽藍修理」句至「藏内所供」之「藏」字「八字當衍」。今案諸説均不妥，衍出者當爲後「天下伽藍修理」六字，今删。

〔四〕遂便不還　「遂」原作「徒」，廣記卷四九三引辨疑志作「因僧使去，遂便不還」，岑校云以此句例之，「便」上當爲「去」字。今案「去」、「徒」相去甚遠，而「徒」、「遂」形略近，易致譌，故改作「遂」。

〔五〕將羊遺狼放置骨狗前頭　原作「將軍遺狼放置狗前頭」。岑校：辨疑志所引詩與此異，云「放羊狼頷下，置骨狗前頭，自非阿羅漢，安能免得偷」，記所載殆有誤，或當爲「將羊（與軍字類）放狼頷，置骨狗前頭」也；否則爲「將羊遣狼守，放骨狗前頭」，「置」字形亦近「骨」。今案岑説意改原文過甚，「軍」自爲「羊」譌，而參以辨疑志所引詩文，「置」下補「骨」，即文義順暢。

〔六〕物産　「産」原作「彦」，意改。

〔七〕其事遂廢　下文事類賦注引新記，首云「西京化度廢寺」，據此，開元年間韋述撰新記時，化度寺曾廢，疑「其事遂廢」之「事」當爲「寺」之音譌，然作「事」義亦自通。

〔八〕高熲　「熲」原作「穎」，據隋書卷四一本傳及長安志卷一〇改。

次南曰居德坊南街西出通金光門。坊内隋有依法、寶岸、凝觀三寺〔一〕，大業中廢〔二〕。時凝觀寺有僧法慶，造丈六夾紵像〔三〕，未成，暴死。時寶昌寺僧大智，同日亦卒。三日並蘇〔四〕，云見官曹宫殿上有一人似若王者〔五〕，見法慶在前，有一像忽來，謂殿上人曰〔六〕：「慶造我未成〔七〕，何乃令死？」便檢文簿〔八〕，云：「慶食盡而命未終。」殿上人曰〔九〕：「可給荷葉以終其年〔一〇〕。」言訖而忽失所在，大智便蘇。衆異之，乃往凝觀寺問慶。時亦蘇，説與智同〔一一〕。遂不復能食，每日朝進荷葉六枚〔一二〕，齋時進八枚〔一三〕，如此終身〔一四〕，周流請乞，以成其像〔一五〕。像今見在先天寺〔一六〕。

又渭南人單道琮，永徽中因病風，愈後諸飲食俱不復經口〔一七〕，但噉土飲水，以終其身。時人謂之人蟺也〔一八〕。東南隅，先天寺〔一九〕。其地本漢圜丘餘址〔二〇〕。先天元年〔二一〕，改爲先天寺。西北隅，普集寺〔二二〕。開皇七年，突厥開府儀同三司鮮于遵義捨宅立寺〔二三〕。僧□□□磨帝，西域胡人〔二四〕，善呪術，常呪枯楊，便生枝葉。南門之西，奉恩寺。本將軍尉遲樂宅，神龍二年立爲寺也。（新記殘卷。）

校勘記

〔一〕三寺　「三」原佚，福山校：長安志作「三寺」。今案據補。

〔二〕大業中廢　「業中廢」三字殘闕，福山校：「業」以下三字據長安志補。今案從之。

〔三〕造丈六夾紵像　「丈」以外五字俱殘闕，福山校：據續高僧傳卷二五法慶傳并太平廣記卷三七九引文補。今案從之。

〔四〕三日並蘇　「並蘇」原殘闕，岑校：廣記云，「三日並蘇」，兩空格可補「並蘇」字。今案從之。

〔五〕宮殿上有一人似若王者　「宮」原作「室」，岑校：「室殿」當作「宮殿」。今案據改。「人似」原殘闕，福山氏據續高僧傳卷二五法慶傳補此，今案從之。

〔六〕謂殿上人曰　「謂」原作「爲」，岑校：「爲」，續傳及廣記均作「謂」，此譌。今案從改。

〔七〕慶造我未成　「造」、「未」原殘闕，福山校：據續高僧傳并太平廣記補。今案從之。

〔八〕文簿　「文」原作「之」，岑校：廣記「文簿」，「文」字易譌「之」也。今案據改。

〔九〕殿上人曰　「曰」原殘闕，岑校：據續高僧傳并廣記補。今案從之。

〔一〇〕可給荷葉以終其年　「可」原殘闕，岑校：據續高僧傳并廣記補。今案從之。「以」原作「已」，岑校：「已」，黄本正作「以」。今案從改。「終」原作「蚣」，福山校：「蚣」續高僧傳并太平廣記作「終」，今案據改。

〔一一〕説與智同　「與智」原殘闕，「同」原作「問」，岑校：續僧傳，「衆咸往問，與大智説同」，廣記，「説皆符驗」，竊謂此句原文殆作「説與智同」，同字類乎草寫之「問」也。今案從改。

〔一二〕六枚　原作「而拔」，岑校：續僧傳，「自爾旦旦解齋，進荷葉六枚」，廣記，「每日朝進荷葉六枝」，「枝」、「枚」譌，而「拔」、「六枚」譌；續傳固云，「凡欲食時，先以煖水沃令而耎濕，方食之」，所食祇葉，非連其枝也。今案據改。

〔一三〕齋時進八枚　「齋」原作「齊」，「枚」原殘闕。岑校：「齊」讀「齋」，續傳，「中食八枚」，廣記，「齋時八枝」，「枝」亦譌，「八」下應補「枚」字。今案據補改。

〔一四〕如此終身　「如此」原殘闕，福山校據太平廣記補此，今案從之。

〔一五〕其像　「像」，原殘闕，福山校據續高僧傳并太平廣記補此，今案從之。

〔一六〕像今見在先天寺　「像」原殘闕，岑氏并福山氏俱意補爲「像」，今案從之。又「先」原作「光」，福山校：「光」當作「先」。今案長安志卷一〇居德坊先天寺條載：「先天元年改爲先天寺。」新記殘卷下文先天寺即譌作光天寺，此亦同譌。

〔一七〕諸飲食俱不復經口　「諸飲」原殘闕，福山校：「諸飲」據續高僧傳補。今案從之。又「俱」原作「具」，意改。

〔一八〕謂之人蟺也　「之」原殘闕，從福山氏意補。「蟺」亦闕，從福山氏據續高僧傳所補。

〔一九〕先天寺　「先」原作「光」，參見本段注〔一六〕。

〔二〇〕其地本漢圜丘餘址　「其地本」原殘闕，「圜」原作「國」，福山校：「其」以下三字據長安志補，「國」長安志作「圜」。今案據改。

〔二一〕先天元年　「先」原作「光」，參見本段注〔一六〕。

〔二二〕普集寺　「集」原殘闕，福山校：「集」據長安志補，今案從之。

〔三〕鮮于遵義　「于」原作「干」，福山校：「干」長安志作「于」。今案據改。

〔四〕西域　「域」原作「城」，福山校：「城」當作「域」。今案從改。

次南曰群賢坊

東門之南，直心尼寺〔一〕。開皇八年，宦者儀同宋祥捨宅所立也〔二〕。十字街東之北，

真化尼寺。開皇十年，冀州刺史馮臘捨宅所立〔三〕。東南隅，中宗昭容上官氏宅。今爲南陽縣主所居之。（新記殘卷。）

校勘記

〔一〕直心尼寺　岑校：考長安志一〇群賢坊下云，「東門之南，真心尼寺」，知「直」是「真」譌。今案金石萃編卷六六載唐大和六年董府君經幢後銘則書作「長安縣群賢里直心尼寺」，與新記同。

〔二〕宦者　「宦」原作「官」，福山校：「官」長安志作「宦」。今案據改。

〔三〕冀州刺史　「史」原殘闕，從福山氏意補。

次南曰懷德坊

南門之東，舊有富商鄒鳳熾宅。鳳熾肩高背曲，有似駱駝，時人號爲鄒駱駝。其家巨富，金玉資貨，不可勝計。常與朝貴遊往，因是勢傾朝市。邸店田宅，遍滿海内。（新記殘卷。）四方物盡爲所收，雖古之猗白，不是過也。（廣記卷四九五。）其家男女婢僕，錦衣玉食〔一〕，服用器物，皆盡一時之驚異〔二〕。（新記殘卷。）嘗因嫁女，邀諸朝士往臨禮席。賓客數千，夜擬供帳，備極華麗。及女郎將出，侍婢圍遶，綺羅珠翠，垂釵曳履。尤豔麗者，至數百人。衆皆愕然，不知孰是新婦矣。（廣記卷四九五）又嘗謁見高祖〔三〕，請市終南山〔四〕，山中每樹估絹一疋〔五〕。自云：「山樹雖盡，而臣絹未竭。」事雖不行，終爲貴賤之所驚。後犯事流瓜州〔六〕，會赦還。及卒後，子漸以窮匱。又有富商王元寶者，年老，好戲謔，出入市里，爲人所知。時人以錢文有元寶字，因呼錢爲王老焉。（新記殘卷）盛流於時矣。（廣記卷四九五。）

西南隅，羅漢寺。開皇六年，雍州牧楚公豆盧勣所立也。十字街西之北，辨才寺。本鄭孝王亮隋代舊宅。亮子司空淮安王神通，以開皇十年，爲沙門智凝立此寺於群賢坊，以智凝辨才不滯，因名寺焉。武德二年，移於此。東門之北，惠日寺。開皇六年立。本富商張通宅，捨而立寺。通妻陶氏，常於西市鬻飯，精而價賤，時人呼爲陶寺。寺内有九層浮圖，一百五十尺。貞觀三年，沙門道該所立。（新記殘卷。）

校勘記

〔一〕錦衣玉食　「錦衣」原作「侯那」，福山校：「侯那」太平廣記卷四九五作「錦衣」。今案據改。

〔二〕驚異　「異」原佚，據廣記卷四九五引文補。

〔三〕謁見高祖　「謁」原作「竭」，福山校：「竭」太平廣記作「謁」，今案據改。又「高祖」，福山校：「祖」太平廣記作「宗」。

〔四〕請市終南山　廣記卷四九五引文作「請市終南山中樹」。

〔五〕估絹　「估」原作「佑」，福山校：「佑」太平廣記作「估」。今案從改。

〔六〕瓜州　「瓜」原作「爪」，福山校：「爪」當作「瓜」。今案廣記卷四九五引文作「瓜」，今據改。

次南曰崇化坊

東南隅，龍興觀。貞觀五年，太子承乾有疾，敕道士秦英祈禱獲愈〔一〕，遂立此觀。垂拱中〔二〕，有道士成玄英，長於言論，著莊老數部〔三〕，行於時也。東門之北，經行寺。本長安令屈突蓋宅〔四〕。開皇十年，邑人張緒市之立焉。西南隅，浄樂尼寺〔五〕。隋開皇六年所立。（新記殘卷。）

校勘記

〔一〕秦英　福山校：又云：秦世英，去「世」字者避太宗諱也。

〔二〕垂拱中　「垂」原作「乘」，福山校：「乘」長安志作「垂」。今案據改。

〔三〕莊老　「莊」原作「疾」，岑校：應是「莊、老」，舊書四七經藉志「老子二卷，成玄英注」，又「莊子疏十二卷，成玄英撰」。今案據改。

〔四〕屈突蓋　「突」原作「灾」，福山校：「灾」長安志作「突」。今案隋書卷七四本傳亦作「突」，據改。

〔五〕浄樂尼寺　「浄」，福山校：長安志作「静」。

次南曰豐邑坊

南街西通延平門〔一〕。此坊多假賃方相輀車送喪之具〔二〕。武德中，有一人姓房，好自矜門閥，朝廷衣冠，皆認以爲近屬。有一人惡其如此，設便折之。先問周隋間房氏知名者〔三〕，皆云是從祖從叔。次曰豐邑公相與公遠近，亦云是族叔。其人大笑曰：「公是方相姪兒，只可嚇鬼，何爲誑人！」自是大媿，遂無矜誑矣。

東北隅，清虛觀〔四〕。開皇七年〔五〕，隋文爲道士呂師玄所立〔六〕。師玄却穀練氣〔七〕，故以清虛爲名〔八〕。（新記殘卷。）

校勘記

〔一〕延平門　「延」原作「焉」，福山校：「焉」長安志作「延」。今案隋書卷二九地理志上亦作「延」，據改。

〔二〕輜車　二字原佚，從福山校據長安志補。

〔三〕知名者　「者」原作「曰」，福山校：「曰」當作「者」。今案從改。

〔四〕清虛觀　「清」原作「浄」，福山校：唐會要卷五〇并長安志作「清」。今案此下文亦曰「故以清虛爲名」，故改作「清」。

〔五〕七年　福山校：「七」長安志作「十」。

〔六〕吕師玄　「吕師」原殘闕，「玄」原佚，福山校：「吕師」據唐會要并長安志補，「師」下長安志嘉靖本并類編長安志卷五作「玄」，今案據補。

〔七〕師玄　原作「吕」，福山校：「吕」長安志嘉靖本并類編長安志作「師玄」。今案據改。

〔八〕故以清虛爲名　「名」原殘闕。福山校：「名」據唐會要并長安志補。

次南曰待賢坊此坊隋初立天下諸州朝集使邸，故以待賢名之。

東北隅，會聖觀〔一〕。開皇七年，隋文帝爲秦孝王俊所立〔二〕。（新記殘卷。）隋左領軍大將軍史萬歲宅〔三〕。其宅初常有鬼怪，居者輒死。萬歲不信，因即居之。夜見人衣冠甚偉，來就萬歲。萬歲問其由，鬼曰：「我漢將軍樊噲。墓近君居廁，常苦穢惡，幸移他所，必當厚報。」萬歲許諾，因責殺生人所由。鬼曰：「各自怖而死，非我殺也。」乃掘得骸柩〔四〕，因爲改葬。後夜又來謝曰：「君當爲將，吾必助君。」後萬歲爲隋將，每遇賊，便覺鬼兵助己，戰必大捷。（廣記卷三二七。）

校勘記

〔一〕會聖觀　福山校：「聖」長安志作「昌」。今案唐會要卷五〇同新記作「聖」。

〔二〕秦孝王俊　「孝王」原互乙，福山校：唐會要并長安志作「孝王」。今案隋書卷四五本傳同唐會要等，據改。

〔三〕左領軍大將軍　「左」原作「北」，據長安志卷一〇并隋書卷五三本傳改。

〔四〕乃掘得骸柩　「乃」原作「及」，意改。

次南曰淳和坊

東南隅〔一〕，隱太子廟。（新記殘卷。）

校勘記

〔一〕東南隅　福山校：「南」長安志作「北」。

次南曰常安坊

東南隅〔一〕，章懷太子廟〔二〕。神龍中所立也〔三〕。（新記殘卷。）

校勘記

〔一〕東南隅　福山校：「南」長安志作「北」。

〔二〕章懷太子廟　「章」原殘闕，福山校：「章」據長安志補。今案從之。

〔三〕神龍中　「神龍」二字原互乙，福山校：「龍神」長安志作「神龍」。今案據改。

次南曰和平坊坊内南北街之東築入莊嚴寺，街西入總持寺。（新記殘卷。）

次南曰永陽坊〔一〕坊西南即京城之西南隅也。

半以東，大莊嚴寺。隋初置宇文弢別館於此坊〔二〕，仁壽三年〔三〕，爲獻后立爲禪定寺。宇文愷以京城西有昆明池，地勢微下，乃奏於此建木浮圖。高三百卅尺〔四〕。周匝百廿步〔五〕。寺内復殿重廊，天下伽藍之盛，莫與爲比。大業末，此寺有僧智興，次當鐘役。常發願云：「三途六趣，聞此解脱。」時仲冬寒裂，掌中凝血〔六〕，不以告倦〔七〕。後寺僧三果有兄住待賢坊，因從煬帝南幸，忽成夢其妻曰：「吾至彭城，不幸病死〔八〕。生於地獄，艱苦備嘗。賴今月初十日〔九〕，禪定寺智興師鳴鐘，響徹地獄，同受苦者，一時解免。今得託生，思報其恩，可具絹與之。」妻覺不信，又夢如初。妻辭以家貧無所得絹。答曰：「有吏枉得絹卅疋，不合得用，今吾將來，置於後床，與是足矣。」妻驚覺，持火照床，果有絹卅疋。遂發哀，持絹送寺。數日而凶問至。武德元年，改爲莊嚴寺。半已西，大總持寺。隋大業元年〔一〇〕，煬帝爲父文帝立。初名大禪定寺〔一一〕，制度與莊嚴同。亦有木浮圖，高下與東浮圖不異〔一二〕。武德元年，改爲總持寺。今莊嚴、總持，即隋文、獻后宮中之號。二寺門額並少詹事殷令名所題〔一三〕。竹林傳云隋代所賜，至今儼然。（新記殘卷。）

校勘記

〔一〕永陽坊　「永」原佚，福山校：「陽」上長安志作「永」。今案據補。

〔二〕置宇文弢别館於此坊　「宇」以下七字原佚，福山校云：「置」下長安志作「宇文改（當作氏）

別館於此坊」。今案宋志畢刻本作「宇文改」，文淵閣四庫全書本「宇文政」，據隋書卷五六本傳則當作「宇文弢」。

〔三〕仁壽三年　「仁」原佚，福山校：「仁」據長安志補。今案從之。

〔四〕三百卅尺　「尺」原殘闕，從福山校據長安志補。

〔五〕周匝　「周」原殘闕，從福山校據長安志補。

〔六〕凝血　「血」原殘闕，從福山校據續高僧傳卷二九智興傳補。

〔七〕不以告倦　「不」原殘闕，從福山校據續高僧傳卷二九智興傳補。

〔八〕不幸　「幸」原作「達」，福山校：「達」續高僧傳并太平廣記卷一一二引異苑作「幸」。今案據改。

〔九〕今月初十日　「月」原作「日」，「十」原佚，福山校：「日」續高僧傳并太平廣記作「月」。今案廣記引異苑作「今月初十日」，據改補。

〔一〇〕元年　福山校：「元」長安志作「三」。

〔一一〕大禪定寺　「大」原佚，福山校：「禪」上長安志作「大」，今案據補。

〔一二〕東浮圖　「東」原作「西」，福山校：「西」或當作「東」。今案從改。

〔三〕殷令名所題 「題」原佚，福山校：或當作「題」。今案歷代名畫記卷三載總持、莊嚴二寺「並殷令名題額」，故當從福山氏補「題」。

右皇城西第三街之十三坊。（新記殘卷。）

兩京新記輯校卷四

東都

東京俗曰洛陽城。（御覽卷一八三。）隋大業元年自故都移於今所。其地本周之王城〔一〕，自周敬王、後漢，並居於今之故都。至仁壽四年，隋文帝於此營建。初謂之東京，有詣闕言事者，稱一帝二京，事非稽古。乃改爲東都。後爲王充所據〔二〕，充平，改爲洛州總管府〔三〕。尋又置陜東大行臺。武德九年，復爲洛州都督府。貞觀六年，改東都舊宮爲洛陽宮〔四〕。明慶元年，復爲東都。武太后號爲神都，神龍元年復舊。又改爲河南府。（御覽卷一五六。）太宗車駕始幸洛陽宮，唯因舊宮，無所改制，終於貞觀、永徽之間，荒蕪虚耗。置都之後，方漸修補。龍朔中詔司農少卿韋機更繕造〔五〕。高宗常謂機曰：「兩京朕東西二宅，來去不恒，卿宜善思修建。」始作上陽等宮，至武太后遂定都於此。日已營構，而宮府備矣。（御覽卷一五六。）洛水貫都，有河漢之象。初，隋煬帝登北邙觀伊闕，顧曰：「此龍門耶？自古何爲不建都於此？」僕射蘇威對曰：「自古非不知，以俟陛下。」帝大悦。然其地北據山麓，南望天闕，（御覽卷一五六。）龍門號雙闕，以與大内對峙〔六〕，若天闕焉。（分門集注杜工部詩卷八。）水木滋茂，川原形勝，自古都邑莫有比也。（御覽卷一五六。）隋煬帝從東都至西京御道並作長廊。（御覽卷一八五。）

校勘記

〔一〕本周之王城　「本」原作「今」，意改。

〔二〕王充　即王世充，韋述避太宗諱省「世」。下同。

〔三〕洛州總管府　御覽鮑刻本「州」作「陽」。案舊唐書卷三八地理志一河南府：「武德四年，討平王世充，置洛州總管府。」是鮑刻本譌。

〔四〕改東都舊宮爲洛陽宮　「改」下原衍「爲」字，意删。

〔五〕韋機　本名韋弘機，新唐書卷一〇〇有傳，避孝敬皇帝諱省「弘」。

〔六〕與大内對峙　「大内」原作「天内」，據簡齋詩集卷九龍門詩胡穉箋注引文改。又「對」原佚，同據胡穉箋注引文補。

宫城

紫微宫城南面六門，正南應天門，門外觀相夾，肺石、登聞鼓。次東興教門、重光門、大和門。次西光政門、洛城南門〔一〕。東面一門，重光北門。西面二門〔二〕，南洛城西門，北嘉豫門。北面二門，西玄武、東安寧門。應天次北乾元門，門東萬春門，西千秋門，門外東西廊左、右延福門。又應天東北會昌門〔三〕，西北景運門。（御覽卷一八三。）有臨波閣、閶闔閣。（御覽卷一八四。）九州池在仁智殿之南、歸義門之西。其池屈曲〔四〕，象東海之九州〔五〕。居地十頃，水深丈餘，鳥魚翔泳〔六〕，花卉羅植。（玉海卷一七一。）一柱觀。（御覽卷一七九。）五殿。蔭殿也〔七〕，壁厚五丈〔八〕，高九十尺。東西房廊皆五十餘間。

西院有厨庫〔九〕，東院有教坊内庫。高宗常御此殿〔一〇〕。（御覽卷一七五。）流盃殿在麗春臺北。有東西廊，南至麗春臺，北連弘徽殿，（玉海卷一六二。）南頭兩邊皆有亭子，以間山池。此殿上作漆渠九曲，從陶光園引水入渠。隋煬帝常於此爲曲水之飲。（御覽卷一七五。）閶闔闕在映日堂東隔城之上〔一一〕。闕北及南皆有觀象臺，女史仰觀之所〔一二〕。（玉海卷一七〇。）

校勘記

〔一〕洛城南門　「城」原佚，據元河南志卷四補。

〔二〕西面二門　「面」原作「南」，據元河南志卷四改。

〔三〕應天東北會昌門　原作「西會昌門」，據續談助摘録本大業雜記，應天門内爲永泰門，永泰門東二百步至會昌門，永泰西二百步至景運門，新記下文「西北景運門」，當即指其在應天門西北，故會昌門當在應天門東北，此作「西會昌門」顯譌。

〔四〕其池屈曲　「屈」原佚，據元河南志卷四補。

〔五〕九州　「九」原佚，據元河南志卷四補。

〔六〕鳥魚翔泳　「鳥魚」原互乙，據元河南志卷四改。

〔七〕蔭殿也　三字御覽景宋本原空闕，此參據元河南志卷四，從鮑刻本補。

〔八〕五丈　「丈」元河南志卷四作「尺」。

〔九〕廚庫　御覽景宋本作「廚」，鮑刻本作「庫廚」。今案「廚」、「庫廚」均有所未通，今意改作「廚庫」。

〔一〇〕常御此殿　「常」御覽鮑刻本作「嘗」。

〔一一〕映日堂　「堂」元河南志卷四作「臺」，其下復云「南有三堂，北有三堂」。「堂」、「臺」未詳孰是。

〔一二〕女史仰觀之所　玉海原注：「晉宮閣名曰：洛陽城閶闔門。」

上陽宮

上陽宮在皇城西南，東即禁苑東垂〔一〕，南臨洛水，西亘穀水〔二〕，上元中韋機充使所造。列岸脩廊連亘。掘地得銅器，似盆而淺，中有隱起雙鯉之狀。魚間有四篆字，曰長宜子孫，時人以爲李氏再興之符。高宗末年，常居此宮以聽政也。（御覽卷一七三。）宮東面二門

〔三〕，南曰提象門，北星躔門。〔提象門〕内門曰觀風門〔四〕。（御覽卷一八三。）有麗春臺〔五〕、浴日樓。（御覽卷一七六。）曜掌亭、九洲亭。（御覽卷一九四。）上清觀。（御覽卷一七九。）

上陽宮西有西上陽宮。兩宮夾穀水，虹橋架迴，以通往來。（御覽卷一七三。）

校勘記

〔一〕東即禁苑東垂　原作「東苑前苑東垂」，有譌。唐六典卷七：「上陽宮在皇城之西南，苑之東垂也。」又新唐書卷三八地理志二：「上陽宮在禁苑之東。」故改。

〔二〕西亘穀水　「亘」御覽鮑刻本作「拒」。

〔三〕東面二門　「面」原作「西」，據唐六典卷七改。

〔四〕提象門内門曰觀風門　「提象門」據唐六典卷七并元河南志卷四增。

〔五〕麗春臺　「春」原作「青」，據唐六典卷七并元河南志卷四改。

禁苑

東都苑隋曰會通苑，又改爲芳華。神都苑周迴一百二十六里。東面十七里，南面三十九里，西面五十里〔一〕，北面二十里。〔二〕（玉海卷一七一。）苑東面四門，曰垂豫、上陽、新開〔三〕、望春門，南面三門，曰興善、興安、靈光門，西面四門，曰延秋、遊義〔四〕、籠煙、靈溪門，北面四門，曰朝陽、靈圃、望冬、應福門。（御覽卷一八三。）苑內有金谷亭、凝碧池。（御覽卷一九四。）〔青城宮。〕古谷城也。（元河南志卷三。）

校勘記

〔一〕西面 「面」原作「南」，據御覽卷一九六引文改。

〔二〕苑四圍里距，玉海卷一七一并御覽卷一九六引新記文原俱作東七十、南三十九、西五十、北二十四里，合之爲一百八十三里，與上文「周迴一百二十六里」之數不合。唐苑周迴一百二十六里，又見唐六典卷七、元河南志卷四，應無誤。其四圍里距，唐六典作東十七、南廿

九、西五十、北二十里；元河南志作東十七、南三十九、西五十、北二十四里；舊唐書卷三八地理志則作東十七、南三十九、西五十、北二十里，合之恰爲一百二十六里，是知新記等均有譌，其「七十」當爲「十七」之乙，「四」字衍。

〔三〕新開　原作「新門」，據元河南志卷四改。

〔四〕遊義　「義」御覽景宋本作「義」，據鮑刻本并唐六典卷七等改。

皇城

皇城南面三門，正南曰端門，東左掖門，西右掖門〔一〕。東面一門，賓曜門。西面二門，南曰麗景門，北曰宣耀門。（御覽卷一八三。）

校勘記

〔一〕右掖門　「右」御覽景宋本原作「又」，從鮑刻本改。

東城

東城東面一門〔一〕，宣仁門。南面一門，承福門〔二〕。北面一門，含嘉門。（御覽卷一八三。）

校勘記

〔一〕東城　「東」御覽景宋本原空闕，據鮑刻本補。

〔二〕承福門　「承」原作「永」，據唐六典卷七并元河南志卷四改。

兩京新記輯校卷五

都城

〔外郭城〕東面十五里二百一十步，南面十五里七十步，西面十二里一百二十步，北面七里二十步，周迴六十九里二百一十步。〔一〕（元河南志卷一。）城高一丈八尺。南面三門，正南曰定鼎門。東面〔三門〕，中建春門〔二〕，南永通門。北面二門，東安喜門，西徽安門。西面連苑。（御覽卷一八三。）自端門至定鼎門七里一百三十七步。隋時種櫻桃、石榴、榆柳，中爲御道，通泉流渠。今雜植槐柳等樹兩行。（元河南志卷一。）定鼎門街廣百步，上東、建春二横街七十五步，長夏、厚載、永通、徽安、安喜門及當左掖門等街各廣六十二步〔三〕，餘小街各廣三十一步。（元河南志卷一。）每坊東西南北各廣三百步，開十字街四出趨門。（元河南志卷一。）

校勘記

〔一〕周迴六十九里二百一十步，以外郭城諸邊相加，合爲五十里六十步，與此周長相去甚遠，必有舛譌。元河南志卷三引同文「北面七里」乙作「七十」，相失更甚。又此「二百一十步」「二」原佚，據元河南志卷三引文補。

〔二〕東面三門中建春門　此處御覽所引有脱文，作「東建春門」，據元河南志卷一載「韋述記中曰建春，南曰永通」改。

〔三〕左掖門等　疑「左」下脱「右」，兩掖門制度當相侔。

明教坊

龍興觀。西南隅，開府宋璟宅。南門之東，國子司業崔融宅。璟造宅悉東西相對，不爲斜曲，以避惡名。融爲則天哀策，用思精苦，下直〔一〕，馬過其門不覺，文就而卒。（御覽卷一八〇。）

校勘記

〔一〕下直　「下」原作「不」，意改。

宜人坊

其半本隋齊王暕宅〔一〕。煬帝愛子。初欲盡坊爲宅，煬帝問宇文愷曰：「里名爲何？」愷曰：「里名宜人。」〔二〕帝曰：「既號宜人，奈何無人。可以半爲王宅。」（御覽卷一八〇。）

校勘記

〔一〕其半　「其」御覽景宋本作「自」，據鮑刻本改。

〔二〕宜人　案據元河南志卷一，宜人坊本名宜民，避太宗諱改，故煬帝與宇文愷所云「宜人」，均當爲「宜民」，乃韋述避太宗諱所改。

尚善坊

東南隅，岐王範宅〔一〕。宅有薛稷畫鶴，世稱妙絶。（御覽卷一八〇。）

校勘記

〔一〕岐王範　「岐」原作「歧」，據舊唐書卷九五本傳改。

勸善坊

天宮寺〔一〕。有秀禪師者，俗姓李，汴州陳留人。習禪精苦。初至荆州，後移此寺。深爲武太后所敬禮。玄鑒默識，中若符契。長安中，入京，位資聖寺。忽戒禪院弟子滅燈燭，弟子留長明燈，亦令滅之。因説火災難測，不可不備。嘗有寺家不備火燭，佛殿被災。又有一寺鐘樓遭火，一寺經藏焚爇。

殊可痛惜。寺衆不知其意。至夜失火，果焚佛殿、鐘樓及經藏三所。明皇在藩時〔二〕，常與諸王俱詣作禮，留施一笛。明皇出後〔三〕，秀召弟子曰：「謹掌此。後有要時，當獻上也。」及明皇登極〔四〕，達摩等方悟其言，取笛以進。秀師年百歲，卒於此寺。瘞於龍門山。道俗奔赴數千人。燕國公張説爲其碑文。（廣記卷九七。）東北隅，太子太師鄭國公魏徵宅〔五〕。山池院有進士鄭光乂畫山水，爲時所重。（御覽卷一八〇。）

校勘記

〔一〕天宮寺　廣記引此天宮寺條所在未詳，程鴻詔唐兩京城坊考校補記據續玄怪録「李愬登天津橋，因入憩天宮寺」語，補天宮寺於尚善坊北天津橋下；曹元忠輯本兩京新記則收此天宮寺條於尚善坊下，所據未詳，似當同於程氏。今案程、曹所云未足從信，天宮寺固在天津橋南，而未必即在天津橋頭或橋南之尚善坊。唐會要卷四八：「天宮寺，觀善坊。高祖龍潛舊宅，貞觀六年立爲寺。」唐東都無觀善坊，有勸善坊，東隣擇善坊，有李勣宅，舊唐書卷四高宗紀上：龍朔元年九月，「幸李勣之第。天宮寺是高祖潛龍時舊宅，上周歷殿宇，感愴久之」。「觀」、「勸」形近易謁，疑天宮寺本在勸善坊，高宗幸擇善坊李勣第，以寺與之相隣而及於此。故姑繫此條於勸善坊下。

〔二〕明皇　原作「唐玄宗」，案新記撰於玄宗開元十年，不當云「唐玄宗」，此當爲後人所改舛，故改作此。

〔三〕明皇　原作「玄宗」，意改。參見本段注〔二〕。

〔四〕明皇　原作「玄宗」，意改。參見本段注〔二〕。

〔五〕鄭國公　原作「鄭公」，據舊唐書卷七一魏徵傳補「國」。

歸德坊

左散騎常侍劉子玄宅。元河南志卷一。

仁和坊〔一〕

此坊北側數坊，去朝市遠，居止稀少，惟園林滋茂耳。（元河南志卷一。）

兵部侍郎許欽明宅。

欽明户部尚書圉師猶子，與中書令郝處俊鄉黨親族，兩家子弟，類多醜陋，而盛事車馬，以遊里巷。京洛爲之語曰：「衣裳好，儀觀惡，不姓許，即姓郝。」（御覽卷一八〇。）嘗有人於許氏廳事，冬夜燃火讀書。假寐，聞蟲鼠行聲。密視，見一老母，通體白毛，上牀就爐，炙肚搔癢。形容短小，不類於人。客懼，猝然發聲大叫，妖物便撲落地，絶走而去。客以宅舍牆高，無從出入，乃呼一奴持火〔二〕，院内尋索。於竹林中見一大石，發石，得一白蜎，便殺之。（廣記卷四四二。）

校勘記

〔一〕仁和坊　元河南志卷一：「按坊本名民和，避唐太宗諱改，當作人和，而韋述紀、白居易集與今洛城所傳並作仁字，未詳。」

〔二〕呼一奴　「呼一」二字原互乙，意改。

修善坊

坊内多車坊、酒肆。（元河南志卷一。）

南市〔隋曰〕豐都市〔一〕，東西、南北居二坊之地，四面各開三門，邸凡三百一十二區，資貨一百行。初築市，掘得古塚，土藏〔二〕，無磚甓，棺木陳朽，觸之便散。屍著平上幘，朱衣。得銘曰：「筮道居朝，龜言近市，五百年間，於斯見矣！」當時達者，參驗其文，魏黄初二年所葬也。（御覽卷一九一。）大業六年，諸夷來朝，請入市交易，煬帝許之。於是修飾諸行，葺理邸店，皆使甍宇齊正，卑高如一，環貨充積，人物華盛。時諸行鋪競崇侈麗，至賣菜者亦以龍鬚席藉之。夷人有就店飲噉，皆令不取直。胡夷驚視，寖以爲常。（御覽卷一九一。）

〔市旁有棠棣碑〕〔三〕（玉海卷六〇。）

校勘記

〔一〕隋曰　二字據元河南志卷一增。本節題「南市」亦同據元河南志卷一題。

〔二〕土藏　「土」原作「士」，據廣記卷三九一引文改。

〔三〕市旁有棠棣碑　玉海卷一六〇原文爲：「循吏傳，賈端頤永徽中遷洛州，發姦擿伏，下無能欺；咸亨初端實爲洛州長史，亦寬惠，人心懷向。始洛人爲端頤刻碑於大市旁，及端實入爲右庶子，人復爲立碑其側，故號棠棣碑。兩京記，碑建於東都。」此句即據此意補。

慈惠坊此坊半以北即洛水之横隄。（元河南志卷一。）

嘉慶坊有李樹，其實甘鮮，爲京都之美，故稱嘉慶李。今人但言嘉慶子，蓋稱謂既熟，不加李亦可記也。（新編古今事文類聚後集卷二五。）

崇讓坊此坊出大竹及桃，諸坊即細小。（元河南志卷一。）

睦仁坊〔一〕（元河南志卷一。）

校勘記

〔一〕睦仁坊　元河南志卷一云：「按『仁』字避唐太宗諱改，當作『人』，而韋述記與今洛城所傳皆作『仁』。」

依仁坊此坊東出外城之永通門。〔一〕（元河南志卷一。）

校勘記

〔一〕元河南志卷一永通坊下云：「本曰依仁，按韋述記此坊東出外城之永通門。其後門塞，又改坊名。」元河南志同卷復云：「永通（門）周廣順中猶存，疑國初廢塞。」是知塞永通門並改坊名爲唐以後事。

宣風坊

北門之西〔一〕，中書令蘇味道宅。宅有三十六柱亭子，時稱巧絶（御覽卷一八〇。）

校勘記

〔一〕北門之西 「門」原作「街」，依新記殘卷等體例改。

厚載門第一街，街西本固本坊，又改西市。（元河南志卷一。）

次北廣利坊其北抵苑。（元河南志卷一。）

第二街，街西從南第一曰通濟坊今乃與西市相通，其西南即京城西南隅也。（元河南志卷一。）即隋懷義坊。（元河南志卷一。）

〔次北〕淳和坊（元河南志卷一。）

南里、北里在淳和之西。（元河南志卷一。）

東城之南、承福門外有承福坊〔一〕（元河南志卷一。）

校勘記

〔一〕承福門「承」原作「永」，據唐六典卷七并元河南志卷四改。

次東玉雞坊（元河南志卷一。）

次東銅駝坊（元河南志卷一。）

次東上林坊（元河南志卷一。）

次東温洛坊（元河南志卷一。）

歸義坊（元河南志卷一。）

思恭坊在歸義之北。（元河南志卷一。）

積德坊〔在温洛坊之北。〕〔一〕（元河南志卷一。）

校勘記

〔一〕元河南志卷一：「按韋述記，温洛坊當在積德坊之南。」

大業雜記輯校

〔唐〕杜寶　撰
辛德勇　輯校

大業雜記輯校前言

兩京新記今所存殘卷、佚文主要是西京長安部分，東都洛陽部分則所剩無幾。關於洛陽城較早而且比較重要的資料，有杜寶在唐初撰著的大業雜記十卷。大業雜記是一部記録從隋煬帝即位起至王世充降唐一段時期史實的編年體史書，但其中用很大篇幅記述了隋代洛陽城的情況。遺憾的是大業雜記和兩京新記一樣也久已亡佚。今採用和兩京新記輯校同樣的辦法，把散存的佚文輯綴到一起，作爲兩京新記的補充。由於大業雜記本來是一部編年體史書，所以也有很多内容與洛陽城並無關繫。但是爲了保持輯本的完整性，並爲有關歷史研究提供參據，這個輯本還是把能够蒐集到的全部佚文都收到了裏面。下面就談一下有關大業雜記的一些情況。

一　續談助中大業雜記的真僞

大業雜記十卷，著録於新唐書藝文志和郡齋讀書志、直齋書録解題，但宋以後原書即佚失，僅北宋晁載之續談助中有此書的摘録本。它是真從杜寶原書摘録的，還是後人或晁氏僞託的，有必要首先加以覈實。

覈實的辦法是用司馬光通鑑考異來比勘。因爲大業雜記的記載往往和隋書不同，所以被考異徵引的有二十餘處，起仁壽四年七月文帝崩、煬帝即位，止武德元年三月，最初兩條稱大業雜記，餘均省稱雜記。其中與續談助摘録本有關者四處，試比勘如下。

（一）通鑑卷一八〇大業元年三月「命尚書右丞皇甫議發河南、淮北諸郡民，前後百餘萬，開通濟渠」條考異云：

雜記作「黄甫公儀」，又云「發兵夫五十餘萬」。

摘録本正作：

發河南諸州郡兵夫五十餘萬，開通津（濟）渠。

（二）通鑑卷一八〇大業元年八月壬寅「上行幸江都」條考異云：

雜記作「九月」。

摘録本正作：

（大業元年）九月，車駕幸江都宫。

（三）通鑑卷一八〇大業元年八月，煬帝幸江都，「龍舟四重，高四十五尺」條考異云：

略記（案：指大業略記）云高五丈，雜記言其制度甚詳，今從之。

摘録本正作：

龍舟高四十五尺，……四重。

又通鑑下文敍煬帝幸江都隨行舟船人員，也顯係摘録本相應部分之壓縮改寫。

（四）通鑑卷一八一大業四年春正月「穿永濟渠，引沁水南達於河，北通涿郡」條考異云：

雜記曰：三年六月，敕開永濟渠，引汾水入河，於汾水東北開渠，合渠水至於涿郡二千餘里，通龍舟。案：永濟渠即今御河，未嘗通汾水，雜記誤也。

摘録本正作：

（大業三年）六月，敕開永濟渠，引汾（原校：一作沁）水入河。又自汾（原校：一作沁）水東北開渠，合渠水至於涿郡二千餘里，通龍舟。

由此可見續談助摘録本實出大業雜記原書。今原書既佚失，所殘存文字當以此摘録本爲最繁富。

二 大業雜記與大業拾遺

崇文總目著録杜寶大業拾遺十卷，另著録顔師古大業拾遺一卷。後者又見於宋史藝文志，郡齋讀書志作大業拾遺記，别稱南部煙花録，實係唐末人僞撰，已經宋人論定〔一〕，其書尚存，取與杜寶書摘録本及通鑑考異引文相勘，顯非一物。但崇文總目的杜寶大業拾遺十卷是否大業雜記别稱，尚需考論。

所幸太平御覽引有杜寶大業拾遺録多條，或稱大業拾遺〔二〕，可擇舉若干，看它與大業雜記的關係。

（一）御覽卷九三六鱗介部鯉魚：

杜寶大業拾遺録曰：四年，梁郡有清冷淵水，面闊二里許，即衛平得大龜之處。清冷水南有横瀆，東南至宕山縣西北，入通濟渠。是時大雨，溝渠皆滿，忽有大魚，似鯉而頭一角，長尺餘，鱗正赤，從清冷水出，頭長三尺許，入横瀆，逆流西北十餘里不没，入通濟渠。於時夾兩岸隨看者數百人，皆謂赤龍大鯉從淵而出。此亦唐祚將興之兆。

大業雜記摘録本也作：

（四年），梁都（郡）有清冷泉（淵）水，周闊二里許，即衛平所得大龜之處。清冷水南有横瀆，東南至碭山縣西北，入通濟渠。忽有大魚，似鯉有角，從清冷水入通濟渠。亦唐興之兆。

（二）御覽卷九六果部一栗：

杜寶大業拾遺録曰：洛陽儀鸞殿南有烏㯃林、栗林，有蒲桃架四行，行長百餘步。

大業雜記摘録本也作：

（寶）城内有儀鸞殿，殿南有烏梈林、栗林，有蒲桃架四行，行長百餘步。

（三）御覽卷九七七菜茹部茄：

杜寶大業拾遺録曰：四年，改胡床爲交床，改胡瓜爲白露黄瓜，改茄子爲崑崙紫瓜。

大業雜記摘録本也作：

（四年）九月，自塞北還至東都，改胡床爲交床，改胡瓜爲白露黄瓜，改茄子爲崑崙紫瓜。

可見御覽所引大業拾遺録即大業雜記，大業雜記别稱大業拾遺或大業拾遺録。

又太平廣記也引有大業拾遺十四條，或稱大業拾遺記〔三〕。有人猜測這可能是杜寶大業雜記的佚文〔四〕，這裏也舉例以事覈實。

（一）廣記卷四一八蔡玉（王）：

弘農郡太守蔡玉（王）以國忌日於崇（弘）敬寺設齋，忽有黑雲甚密，從東北而上，正臨佛殿，雲中隱隱雷鳴。官屬猶未行香，並在殿前聚立仰看。見兩童子赤衣，兩童子青衣，俱從雲中下來。赤衣二童子先至殿西南角柱下，抽出一白蛇，身長丈餘，仰擲雲中，雷聲漸漸大而下來。少選之間，向白蛇從雲中直下，還入所出柱下，於是雲氣轉低着地。青衣童子乃下就柱，一人捧殿柱，離地數寸，一童子從下又拔出一白蛇，長二丈許，仰擲雲中。於是四童子亦一時騰上，入雲而去。雲氣稍高，布散遍天。至夜，雷雨大霔，至晚方霽。後看殿柱根，乃蹉半寸許，不當本處。寺僧謂此柱腹空，乃鑿柱至心，其内果空，爲龍藏隱。（原注：出大業拾遺記）

大業雜記摘録本也作：

弘農郡太守蔡王以國忌之日於弘敬寺設齋，□忽黑雲從東北來。官人猶未行香，並在殿前聚立仰看。見兩童子衣赤，兩童子衣青，俱從雲中下。赤衣先至殿西南角柱下，抽出一白蛇，丈餘，仰擲雲中。少選，蛇從雲直下，還入所出柱下。於是青衣一人捧柱，一人從空下，又拔出一白蛇，長二丈許，擲入雲中而去。一家謂此柱腹空，鑿柱至心，果空，爲龍之所藏隱。

（二）廣記卷二三四吴饌：

……吴郡又獻蜜蟹三千頭，作如糖蟹法。蜜擁劍四甕。擁劍似蟹而小，二（一）螯偏大，吴郡（都）賦所謂「烏賊擁劍」是也。（原注：出大業拾遺記）

御覽卷九四三鱗介部擁劍也説：

杜寶大業拾遺録曰：吴郡獻蜜蟹二千頭，作如糖蟹法。蜜擁劍四甕。擁劍似蟹而小，一螯偏大，吴都賦所謂「烏賊擁劍」是也。

而范成大吴郡志卷三〇土物下引大業雜記也作：

蜜蟹、擁劍，皆大業六年吴郡所獻。蜜蟹，糖蟹之類；擁劍，即吴都賦所謂「烏賊擁劍」者。

此外，如廣記卷四一三樓闕芝條、卷四一〇仲思棗條，與御覽卷九八六藥部芝下和卷九六四果部二棗下所引大業拾遺録，幾乎一字不差；廣記卷二二六水飾圖經條又見於曾慥類説卷四所引大業雜記。可見太平廣記所引大業拾遺或大業拾遺記就是大業雜記，也就是崇文總目所著録的十卷本大業拾遺。

三　杜寶的著作及生平事跡

正史未爲杜寶立傳，他在隋代的事跡略見所撰大業雜記裏。太平御覽卷六〇二文部著書下：

隋大業拾遺曰：大業之初，敕内史舍人竇威、起居舍人崔祖濬及龍川贊治侯偉等三十餘人撰區宇圖志一部，五百餘卷，新成奏之。又著丹陽郡風俗，……帝不悦，遣内史舍人柳達宣敕責威等，……即日敕遣秘書學士十八人修十郡志，内史侍郎虞世基總檢。於是世基先令學士各序一郡風俗，擬奏請體式。學士著作佐郎虞綽序京兆郡風俗，學士宣惠尉陵敬序河南郡風俗，學士宣德郎杜寶序吴郡風俗。四人先成，以簡世基。世基曰：虞綽序京兆，文理俱贍，優博有餘，然非衆人之所能繼；陵敬論河南，雖文華才富，序事過繁；袁朗、杜寶吴、蜀二序，不略不繁，文理相副，宜具狀以四序奏聞，去取聽敕。及奏，帝曰：學士修書，頗得人意，各賜物二十段，付世基擇善用之。世基乃鈔吴郡序付諸頭，以爲體式。及圖志第一副本新成八百卷奏之，帝以部秩太少，更遣子細重修，成一千二百卷，卷頭有圖。

又廣記卷二二六水飾圖經條引大業拾遺記（即大業雜記）：

煬帝别敕學士杜寶修水飾圖經十五卷。新成，以三月上巳日，會群臣於曲水，以觀水飾。……皆出自黄衮之思。寶時奉敕撰水飾圖經及檢校良工圖畫，既成奏進，敕遣寶共黄衮相知，於苑内造此水飾，故得委悉見之。

杜寶所任宣德郎見隋書百官志，隸謁者臺，正七品，主出使。所撰水飾圖經及所參與修撰的區宇圖志也都失傳。後者王庸先生認爲「乃唐以後地理總圖志及一統志之濫觴」〔五〕，則杜寶所撰其中吴郡序爲全書體式，對後世纂修全國性地志實有宣導之功。

杜寶入唐後的著作即爲大業雜記，郡齋讀書志袁本卷二上雜史類載：

大業雜記十卷，右唐杜寶撰，起隋仁壽四年煬帝嗣位，止越王侗皇太（泰）三年王世充降唐事。

直齋書録解題輯本卷五雜史類載：

大業雜記十卷，唐著作郎杜寶撰，紀煬帝一代事。

序言「貞觀修史，未盡實録，故爲此書，以彌縫闕漏」。據宋周煇清波别志卷中，大業雜記撰於貞觀年間。杜寶入唐之爲著作郎，當緣雜記原書題銜或自序結銜如此，故解題得以知道。至解題謂此書「紀煬帝一代事」，讀書志謂「起隋仁壽四年煬帝嗣位，止越王侗皇太（泰）三年王世充降唐事」，則均未甚確切。皇泰二年四月王世充殺越王侗，建鄭，改元開明，並無皇泰三年之説；王世充降唐則在鄭開明三年即唐武德四年五月，太平廣記卷二八〇煬帝條引大業雜記，就是武德四年東都平後上官魏夢見煬帝事。因此應該説此書止於武德四年「王世充降唐事」。

在北宋王明清的揮麈餘話裏，還提到有大業幸江都記十二卷，乃「唐著作郎杜寶所撰，明清家有之，承平時揚州印本也」〔六〕。此書未見他處著録，隋唐時記煬帝幸江都書傳有幾種。隋書卷七六諸葛潁傳載潁撰「幸江都道里記一卷，行於世」。通志藝文略有「大業拾遺録一卷，記煬帝幸江都」，不著撰人姓名。宋人蔡居厚、姚寬又稱唐書藝文志所載南部煙花録原本也是記「廣陵行幸事」〔七〕，而今新唐書藝文志未見著録，或許這原本南部煙花録就是通志略的大業拾遺録，但和王明清所見的大業幸江都記有無關係，已不得而知。

此外，通志藝文略還著録有一卷本大業拾遺，題「唐杜寶撰」。這有兩種可能：（一）與僞顔師古大業拾遺或「記煬帝幸江都」事的大業拾遺録爲一書；（二）爲杜寶大業雜記的删節本。

四　大業雜記的版本

大業雜記原本十卷，記載有煬帝一朝至王世充開明年間的大量政治、軍事活動，而有關這方面的記載在續談助的摘録本中却只占很小一部分。續談助系崇寧五年七至八月晁載之任陳留縣尉時公暇節録群書，以備流覽，其「抉擇頗不苟」〔八〕，每録一書，後必有跋語，論其去取之旨。遺憾的是今本續談助中的大業雜記已佚去晁氏跋語，推測起來，晁載之應衹着眼於有關「居處」的宫觀苑囿、舟梁館驛等内容，同時兼及一些有關飲食、著述的記述。如摘録本中有一半以上的篇幅是關於東都洛陽城苑的，這大體上是整段迻録。其他部分則經過不同程度删簡壓縮。如前引開通濟渠事，略去了主持人「皇甫公儀」；清冷水出帶角鯉魚事，略去了鯉魚出現時適值大雨，溝渠皆滿和兩岸數百人夾觀的情況；蔡王智積設齋行香遇童子降臨事也略去了許多細節，等等。

當晁載之鈔録續談助之時，上距司馬光通鑑成書不過二十餘年，其後南宋晁公武郡齋讀書志、陳振孫直齋書録解題等均著録有大業雜記十卷完本，南宋范成大吴郡志和曾慥類説所引大業雜記，亦有在今摘録本之外者，可知大業雜記十卷完本迄南宋仍存。

宋代以後，大業雜記散佚。大業雜記遺文除見諸御覽、廣記等類書徵引外，現存較成片段的都出於續談助。續談助有粤雅堂叢書本、十萬卷樓叢書本，敘事均止於大業十年，均無晁載之跋語，同屬卷尾佚失之本，卷中文字則以十萬卷樓叢書本稍善，爲叢書集成本所從出。此外，商務印書館排印的原本説郛卷五七中也收有大業雜記，歷代小史和唐宋叢書中也收有大業雜記，内容相同，又是另一個系統。它在卷尾比續談助本多出兩段，記事止於大業十二年底，其他内容則只比續談助本少，不比它多，很可能仍是從續談助本摘鈔，只是所根據的續談助卷尾尚未闕失，所以比今本續談助多出了兩段。指海中還收刻了大業雜記，則是以續談助本爲底本，用説郛和唐宋叢書本校補，並作了校記，在各種本子中還算是較爲完善的一種。

五　大業雜記與河南志

宋敏求河南志二十卷，據司馬光所撰序，其敍唐事乃本諸韋述兩京新記而加詳〔九〕，而敍唐以前事何所依據則有所不詳。原書散佚已久，徐松從永樂大典所録出的元河南志中尚保存有宋敏求志的歷代宫闕城坊部分。其卷三有隋城闕古蹟一節，取與大業雜記一相覈對，即可知除個别地方參取韋述兩京新記外，絶大部分當出於大業雜記。

正因爲河南志所載多爲大業雜記原文，二者又可互爲校補，而雜記可校正河南志者較多。清末繆荃孫校刻藕香零拾本之河南志時，「北魏朝校以伽藍記」，周、漢、魏、晉以「正史、寰宇記校之」，但未能用大業雜記來校訂隋代宫闕部分，以致存有許多明顯的譌誤，在一定程度上也影響了隋唐洛陽城的研究工作。

六　大業雜記的史料價值

除了像通鑑那樣利用大業雜記來研究隋代的政治、經濟和軍事問題，以及爲隋唐洛陽城研究提供資料外，大業雜記所包含的豐富内容，可供研究隋代歷史許多方面的問題。如據通鑑考異，通鑑大業元年八月煬帝幸江都條所敍舟船制度，仍出於大業雜記，據雜記摘録本即可校正通鑑幾處譌誤。通鑑在「五樓」船下面列有「道場、玄壇」兩種船，而雜記原文本爲：「三樓船一百二十艘，四品官人及四道場、玄壇僧尼、道士坐。」此「四道場、玄壇」即指雜記所載宫中之「惠日、法雲二道場，通真、玉清二玄壇」，通鑑顯然錯誤。通鑑載：「又有平乘、青龍、艨艟、艚艓、八櫂、艇舸等數千艘。」雜記則爲：「又有平乘……八櫂舸二百艘，舴艋舸二百艘。」通鑑「艇舸」顯係「舴艋舸」之誤。此外，通鑑云煬帝所乘龍舟中二重有「百二十房」，也與今雜記摘録本所載之「一百六十房」不合，類説引雜記同作「一百六十房」，似亦當爲通鑑有誤。

雜記所記隋區宇圖志的編撰經過和内容，爲研治中國地理學史所必據；所記五色飲、五香飲、四時飲、海鮸魚乾鱠、松江鱸魚乾鱠、海蝦子、蜜蟹、蜜擁劍等飲食的製作方法，所記「白魚種子」，分别爲研究中國飲食史和水産養殖史的重要資料;等等,衹要認真挖掘、利用這些資料,對研究工作都會大有裨益。

辛德勇　一九八六年一月記於古長安

注釋

〔一〕詩話總龜前集卷二引蔡居厚詩史,姚寬西溪叢語卷下,王明清揮麈餘話卷一。

〔二〕御覽卷首所列引用書目爲「杜寶大業拾遺録」,但文内所注出處有時作「大業拾遺」,如卷六〇二文部著書下之區宇圖志條。

〔三〕廣記卷首所列引用書目爲大業拾遺,文内除煬帝一條外,均作「大業拾遺記」。

〔四〕程毅中古小説簡目。

〔五〕王庸中國地理學史。

〔六〕揮麈餘話卷一。

〔七〕詩話總龜前集卷二引蔡居厚詩史,姚寬西溪叢語卷下。

〔八〕陸心源續談助序,見十萬卷樓叢書本續談助。

〔九〕温國文正司馬公文集（四部叢刊影宋本）卷六五河南志序。

大業雜記輯校凡例

一、本書以晁載之續談助摘録本大業雜記爲主，補輯以司馬光通鑑考異、太平御覽、太平廣記、高承事物紀原、季心子新編分門古今類事、范成大吴郡志、曾慥類説、陳振孫直齋書録解題所引佚文及元河南志、通鑑所採録的雜記條目。諸書引録雜記相重複者，擇善而從。續談助本省稱爲晁本。

二、續談助摘録本大業雜記以十萬卷樓叢書本爲底本，省稱十萬卷樓本。凡出於此者，均不注出處；據其他續談助摘録本和其他書籍所補綴者，並注明出處。

三、主要參校的續談助摘録本爲：

（一）歷代小史本，涵芬樓影印明刻本，省稱小史本。

（二）説郛本，涵芬樓本。

（三）粵雅堂叢書本，省稱粵雅堂本。
（四）指海叢書本，道光本，省稱指海本。
（五）唐宋叢書本，省稱唐宋本。
（六）五朝小説大觀本，省稱五朝小説本。

四、通鑑及通鑑考異並用中華書局標點本資治通鑑。通鑑考異引大業雜記佚文亦經取四部叢刊影印宋本通鑑考異覈對一過，其間並無出入。

五、御覽以中華書局影印宋本爲底本，省稱宋本；校以鮑崇城刻本，省稱鮑本。

六、廣記並依中華書局標點本。

七、事物紀原據中華書局點校本。

八、新編分門古今類事據中華書局標點本。

九、吴郡志據擇是居叢書影刻宋紹定二年重刻本，其中有些字譌已爲張鈞衡據舊鈔本校出，即從張氏，不另作説明。

十、類説據文學古籍刊行社影印明天啓刊本。

十一、直齋書録解題據武英殿聚珍版本。

十二、元河南志據藕香零拾本。

十三、禁扁據文淵閣四庫全書本。

十四、一些零星不成章句的佚文，如嘉泰會稽志卷一七春魚含肚條和通鑑考異所引的某些佚文，不予輯録。

大業雜記原序

貞觀修史，未盡實録，故爲此書，以彌縫闕漏。〔一〕

注釋

〔一〕此段據直齋書録解題輯本卷五雜史類大業雜記條補。

大業雜記輯校

仁壽四年七月，甲戌，文帝崩。辛巳，發喪。壬午，煬帝即位。〔一〕

八月，（漢王諒起兵太原，總管府兵曹）裴文安又説曰：「先人有奪人之心，殿下選精騎一萬，徑往京師奔喪，曉夜兼行，誰敢止約！至京師徑掩仁壽宮，彼縱徵召，未暇禦我，大軍駱驛隨王師至，此則次計。王直資河北，彼率天下之兵，百道攻伐，則難爲主人，此下計也。」〔二〕

校勘記

〔一〕此段據通鑑卷一八〇考異補。

〔二〕此段據通鑑卷一八〇考異補。

大業元年，敕有司於洛陽故王城東營建東京，以越國公楊素爲營東京大監，安德公宇文愷爲副。廢三崤舊道，令開葼栅道。時有術人章仇太翼表奏云：「陛下是木命人，雍州是破木之衝，不可久住。開皇之初，有童謡云：『修治洛陽還晉家。』陛下曾封晉王，此其驗也。」帝覽表，愴然有遷都之意。即日車駕往洛陽，改洛州爲豫州。自豫州至京師八百餘里，置一十四頓，頓别有宫，宫有正殿。發河南道諸州郡兵夫五十餘萬，開通濟渠〔二〕，自河起滎澤入淮，千餘里。又發淮南諸州郡兵夫十餘萬，開邗溝，自淮起山陽至於楊子入江〔三〕，三百餘里。水面闊四十步，通龍舟。兩岸爲大道，種榆柳，自東都至江都二千餘里，樹蔭相交。每兩驛置一宫，爲停頓之所。自京師至江都，離宫四十餘所。

校勘記

〔一〕通濟渠 「濟」諸本並作「津」，據隋書卷三煬帝紀上、通鑑卷一八〇及本書大業四年「横瀆入通濟渠」條改。案：此處文有删節，通鑑卷一八〇，大業元年三月，「命尚書右丞皇甫議發河南、淮北諸郡民，前後百餘萬，開通濟渠」條考異云：「雜記作『皇甫公儀』。」爲晁本所無。

〔二〕自淮起山陽至於楊子入江 諸本並作「自山陽淮至於楊子入江」。案：無山陽淮地名，雖近似山陽瀆之譌，但山陽瀆即邗溝，亦無以有「自山陽瀆」云云，據通鑑卷一八〇，邗溝乃「自山陽至楊子入江」，又依本書上文通濟渠「自河起滎澤入淮」例，今改作此。

東都大城周迴七十三里一百五十步，西拒王城，東越瀍澗，南跨洛川，北踰谷水。宫城東西五里二百步，南北七里。城南、東、西各兩重，北三重，南臨洛水。開大道對端門，名端門街，一名天津街，闊一百步。道傍植櫻桃〔一〕、石榴兩行，自端門至建國門，南北九里，四望成行，人由其下，中爲御道，通泉流渠，映帶其間。端門即宫南正門，重樓，樓上重名太微觀，臨大街。直南二十里，正當龍門。出端門百步，有黄道渠，渠闊二十步，上有黄道橋三道。過渠二百步至洛水，有天津浮橋跨水，長一百三十步。橋南北有重樓四所，各高百餘尺〔二〕。過洛二百步，又疏洛水爲重津渠，闊四十步，上有浮橋。津有時開闔，以通樓船入苑。重津南百餘步，有大堤。堤南有民坊，坊各周四里，開四門臨大街。門並爲重樓〔三〕，飭以丹粉。洛南有九十六坊，洛北有三十坊。大街小陌，縱横相對。自重津南行，盡六坊，有建國門，即羅城南正門也。門南二里，有甘泉渠，疏洛入伊。渠上有通仙橋五道，時人亦謂之五橋。橋南北有華表，長四丈，各高百餘尺。建國門西二里，有白虎門。門西二里，至苑城。傍城南行三里〔四〕，有天經宫，宫南二里，有仙都宫，並置先帝廟堂。建國門東五里，有長夏門。門南二里，至甘泉渠〔五〕。渠南五里，至伊水。水東北流，十餘里入洛。端門西一里，有右掖門。門南過黄道渠橋，橋南道西有右候衛府。出右掖門，傍渠西二里〔六〕，有龍天道場，南臨石瀉口，即煬帝門師濟闍棃所居。石瀉東西三百餘步〔七〕，闊五十餘步，深八尺。並用青大石，長七、八尺，厚一尺，自上至下積三重，並用大鐵爲細腰，互相鉤牽〔八〕，亦非常之牢固。正當瀉口三十步，初造瀉之時，鑿地得大窖，容千斛許，於是填塞。瀉成，不過一年即破碎，上令濟闍梨呪之，後更修補，得立二年。闍梨亡，還復毁破。前後計用四十萬工，以瀉王城池水下黄道渠入洛〔九〕。端門東有左掖門，門南道左有左候衛府。左掖門東二里，有承福門，即東城南門。門南洛水有翊津橋，通翻經道場東街〔一〇〕。其道場有婆羅門僧及身毒僧十餘人，新翻諸經。其所翻經本從外國來，用貝多樹葉書，書即今胡書體。貝多葉長一尺五六寸，闊五寸許，葉形似枇杷葉而厚大〔一一〕，横作行書，隨經多少，縫綴其一邊，怗怗然〔一二〕，今呼爲「梵夾」。道場北有道術坊，並是陰陽梵呪有道術人居之，向有百餘家。東城東有宣仁門，臨大街。街大小與天津街相似。東行盡六坊，有上春門。門外夾道南北有東西道，諸都邸百餘所，每年朝集使停止之處。並新户坊，東至雙槐樹三里〔一三〕。宫城正門曰則天門，南去端門五百步。則天門東行二百步，有興教門。興教門一里，有重光門，即東宮正門。門東二百步，有泰和門。並重觀。門内即左、右藏。左藏有庫屋六重，重二十五間，間一十七架，總一百五十間。右藏屋兩重，總四十間，屋大小如左藏。左絲緜布絹，右麩麥金銅鼓雜香牙角。出則天門南横街，直東七百步，有東太陽門，門東即東城。門東街北行三里，有含嘉門，門北即含嘉城。城北德猷門。出含嘉城西，有圓璧門，門西有圓璧城〔一四〕。城正南有曜儀門，門南即曜儀城。城南玄武門，門内即宫。出則天門南横街，直西七百步，有西太陽門。出門道西，南行第一院齊王宅，第二院燕王宅，第三院陳王宅，第四院代王宅，第五院越王宅。宅西拒周王古城，城西即入苑。則天門南八十步，過横街，道東有東朝堂，道西有西朝堂。西連内史省，省西連謁者臺，臺連右翊衛府，府西抵右掖門街。街西有轝輦庫〔一五〕，庫西即西馬坊，坊西抵城〔一六〕。西朝堂南第二街北壁第一右驍衛府〔一七〕，府西連右備身府，府西右武衛府，府西連右屯衛府〔一八〕，府西連右禦衛府，府西抵右掖門街。街西有子羅倉，倉有鹽二十萬石。

子羅倉西，有粳米六十餘窖，窖別受八千石。窖西至城〔一九〕。西朝堂南第三街第一御史臺，臺西連秘書省，省西連尚食庫〔二〇〕，庫西連右監門府，府西連長秋監，監西抵右掖門街。街西即掌醢署，署西連良醞署，署西至粳米窖坊。東朝堂東連門下省〔二一〕，省東殿内省，省東連左翊衛府〔二二〕，府東即抵左掖門街。街東即西錢坊，坊東連東錢坊〔二三〕。東朝堂南第二街第一左驍衛府，府東連左備身府，府東左武衛府，府東連左屯衛府，府東連左禦衛府，府東抵左掖門街。街東即少府監，監東即城。東朝堂南第三街第一司隸臺，臺東連光禄寺，寺東連左監門府，府東連太府寺，寺東抵左掖門街。街東即少府監，連南監。監東至城。出東太陽門街北，道東第一街有鴻臚寺，寺東有司農寺，寺東連太常寺，寺東抵城〔二四〕。第二街即宣仁門大道，大道北即尚書省。第三街將作監，監東連太僕寺，寺東至城。第四街有衛尉寺，寺東連都水監，監東宗正寺，寺東連大理寺，寺東抵城〔二五〕。則天門兩重觀，上曰紫微觀〔二六〕。觀左右連闕〔二七〕，闕高百二十尺〔二八〕。門内四十步〔二九〕，有永泰門。

門東二百步，至會昌門，永泰西二百步，至景運門。並步廊連帀，坐宿衛兵。永泰門内四十步，有乾陽門。並重樓。乾陽門東西亦軒廊周帀。門内一百二十步，有乾陽殿，殿基高九尺，從地至鴟尾二百七十尺〔三〇〕，十三間二十九架〔三一〕。三陛重軒〔三二〕，文棍鏤檻，欒櫨百重，楶拱千構，雲楣繡柱，華榱璧璫〔三三〕，窮軒甍之壯麗。其柱大二十四圍，倚井垂蓮，仰之者眩曜。南軒垂以朱絲網絡，下不至地七尺，以防飛鳥。四面周以軒廊，坐宿衛兵。殿廷左右各有大井，井面闊二十尺。庭東南、西南各有重樓，一懸鐘、一懸鼓，刻漏即在樓下〔三四〕，隨刻漏則鳴鐘鼓。大殿北三十步，有大業門；門内四十步，有大業殿，規模小於乾陽殿，而雕綺過之。乾陽殿東有東上閤。閤東二十步，又南行六十步，有東華門。門東四十步〔三五〕，道北有文成門，門内有文成殿，周以軒廊。東華門南四十步，左延福門。出門東行一百步，至章善門街。乾陽殿西有西上閤，入内宮〔三六〕。閤西二十步，又南行六十步〔三七〕，有西華門。出門西三十步，道北有武安門〔三八〕，門内有武安殿，周以軒廊。西華門南四十步，有右延福門。出門西行一百步，至顯福門街〔三九〕。大業、文成、武安三殿，御坐見朝臣〔四〇〕，則宿衛隨入，不坐，則有宫人〔四一〕。殿庭並種枇杷、海棠、石榴、青梧桐及諸名藥奇卉〔四二〕。東有大井二〔四三〕，面闊十餘尺，深百餘尺。其三殿之内，内宫諸殿甚多，不能盡知。則天門東二百步，有興教門。門北三十步，有會昌門。門北二百步，有章善門，入内。尚食進食、尚藥進藥、内尚進物，皆由此門。會昌門内道左有内殿内省、少府内監、内尚、光禄内廚，道右門下内省、左六衛内府、左監門内府。入章善門横街，東百二十步，有重潤門。東有東宫。則天門西二百步，有光政門。門北三十步，有景運門。門北二百步，有顯福門〔四四〕，入内宫。命婦入朝、學士進書，皆由此門。入景運門内，道左有内史内省、秘書内省、學士館、右監門内府、右六衛内府、鷹坊、内甲庫，道右命婦朝堂、惠日、法雲二道場、通真、玉清二玄壇〔四五〕，接西馬坊。入顯福門〔四六〕，北行三十步，有玄靖門，門内有玄靖殿〔四七〕，周以軒廊，即宫内别供養經像之處。出玄靖門横街，東行四十步，有修文殿。西行百步，有閶闔重門〔四八〕。門南北並有仰觀臺，高百尺。門西即入寶城，城内有儀鸞殿。殿南有烏桲林〔四九〕、栗林，有蒲桃架四行，行長百餘步。架南有射堂，對閶闔門。直西二百二十步〔五〇〕，有寶城門。出，北傍城三里，有方諸門，門内即圓璧城〔五一〕。出寶城門西行七里，至青城宫，宫即西苑之内也。

校勘記

〔一〕植櫻桃　「植」原作「值」，據説郛、粤雅堂等本改。

〔二〕百餘尺　「尺」小史、説郛本作「丈」，過高，不從。

〔三〕並爲重樓　「並」原作「普」，據指海本改。

〔四〕傍城南行　「南」小史、説郛本無。

〔五〕甘泉渠　原作「甘水渠」，小史、説郛本作「丹水渠」。元河南志卷三，長夏門外渠即建國門外之甘泉渠，今據改正。

〔六〕傍渠西二里　原作「門旁渠西二里」，小史、説郛本作「門傍渠西二里」，據上文，黄道渠乃東西流向横過皇城南，不應有「門旁渠西」語，故從小史、説郛本，改「旁」爲「傍」，「門」字當衍。徑删。案：五朝小説本作「門旁道西二里」，文意似勝諸本，可資參稽。

〔七〕三百餘步　「三」小史本作「二」。案：元河南志卷三作「三百步」，略同十萬卷樓本。

〔八〕互相鈎牽　「互」原作「牙」，從小史、説郛等本改。

〔九〕王城　小史等本作「三城」。

〔一〇〕自「通翻經道場東街」之「東街」至「怗怗然」，據御覽卷九六〇補。晁本此處删節過甚。

〔一一〕枇杷葉　三字御覽作「琵琶」，據晁本改。

〔一二〕怗怗然　「怗怗」晁本作「喋喋」。

〔一三〕雙槐樹　「雙」原作「霎」，據小史、説郛本改。

〔一四〕圓壁門圓壁城　「壁」原作「璧」，從粤雅堂、説郛本及禁扁卷五改。

〔一五〕礨礱庫　「礨」原空闕，據元河南志卷三補。

〔一六〕坊西抵城　諸本並作「坊西抵西城」，案：洛陽有東城而無西城，元河南志卷三作「西抵城」，「西城」之「西」當衍，今删。

〔一七〕西朝堂南第二街　「南」諸本並脱，依下文體例補。

〔一八〕自「府西連右備身府」至「府西連右屯衛府」三句，諸本並佚，據元河南志卷三、依本書體例改補。元河南志文爲：「右驍衛府次西右武衛備身府，次西右屯衛府，次西右禦衛府。」案：據隋書卷二八百官志下，左、右備身、左、右武衛各爲一府，元河南志書「右武衛備身府」誤。又據本書下文，左備身府東爲左武衛府，右武衛府亦當在右備身府之西。

〔一九〕窨西至城　諸本並作「窨西至西城」，下「西」當衍，徑删。參見前注〔一六〕。

〔二〇〕尚食庫　「食」元河南志卷三作「舍」。

〔二一〕東連門下省　「東」下原衍「來」，據小史、説郛等本删。

〔二二〕左翊衛府　「翊」諸本並譌作「掖」，據元河南志卷三改。

〔二三〕坊東連東錢坊　「坊」下「東」原無，據小史、説郛等本補。

〔二四〕寺東抵城　「抵」原作「拒」，據小史本、元河南志卷三等改。

〔二五〕寺東抵城　「抵」原作「拒」，據小史本、元河南志卷三等改。

〔二六〕上曰紫微觀　諸本「上」前並衍「觀」，徑删。

〔二七〕觀左右連闕　「觀」原無，據説郛本補。

〔二八〕百二十尺　小史、説郛等作「二十尺」，過低。元河南志卷三同作「百二十尺」，可證小史、説郛本脱「百」。

〔二九〕四十步　元河南志卷三作「四十五步」。

〔三〇〕二百七十尺　「二」小史、説郛等本作「一」，元河南志卷三同作「二百七十尺」，小史、説郛等本當譌。

〔三一〕十三間　元河南志卷三作「三十間」。

〔三二〕三陛重軒　「陛」，原校：「一作階。」案：元河南志卷三「陛」作「階」。「重」原無，據説郛本補。

〔三三〕華榱璧璫　「榱」原作「欀」，據小史、説郛本改，「璧」原作「壁」，據説郛本改。

〔三四〕刻漏即在樓下　「即」原作「則」，從小史、説郛等本改。

〔三五〕四十步　下文武安門乃西側與文成門相對應者，其在西華門西「三十步」，二門各自去東、西華門應等距，當有一誤。

〔三六〕内宫　「宫」原作「官」，據小史、説郛等本改。

〔三七〕南行　「南」諸本並無，案：西華門應與東華門相對，據上文東華門在東上閤「東二十步，又南行六十步」補。

〔三八〕道北　「北」原空闕，據元河南志卷三補。

〔三九〕顯福門　「顯」諸本並作「明」，元河南志卷三作「顯」。案：通鑑卷一八七唐武德二年正月，王世充遣張績、董濬守章善、顯福二門；元河南志卷四，唐明福門「本名顯福，避中宗名改」。今據改。

〔四〇〕御坐見朝臣　「見」原作「几」，據小史、説郛等本及元河南志卷三改。

〔四一〕宫人　「宫」原作「官」，據小史、説郛等本改。

〔四二〕及諸名藥奇卉　「及」原作「又」，據小史、説郛等本改。

〔四三〕東有大井二　「二」説郛本作「三」。案：此句與上文不相連屬，大井所在記述不清，應有删節。

〔四四〕顯福門　「顯」諸本並作「明」，據元河南志卷三改，參見前注〔三九〕。

〔四五〕玉清　「清」元河南志卷三作「真」。案：舊唐書卷一九二隱逸王遠知傳：「煬帝幸涿郡，遣員外郎崔鳳舉就邀之，遠知見於臨朔宫，煬帝親執弟子之禮，敕都城起玉清玄壇以處之。」元河南志誤。

〔四六〕顯福門　「顯」諸本並作「明」，據元河南志卷三改。參見前注〔三九〕。

〔四七〕玄靖門玄靖殿　「玄靖」元河南志卷三作「志静」，禁扁卷三作「志静」（殿）、卷五作「至静」

(門)，而義仍以「玄靖」爲勝。「靖」、「静」通，臆「至」爲「玄」形譌，「志」又爲「至」音譌。

〔四八〕閶闔重門　元河南志卷三作「閶闔門」。

〔四九〕烏桲林　「烏」元河南志卷三作「榅」。案：一切經音義卷五三起世因本經一：烏桲林「即嗢勃林也」。御覽卷九六四引作「烏⿰木勃林」。「烏桲」、「榅桲」、「嗢勃」、「烏⿰木勃」應爲同音異書。

〔五〇〕二百二十步　元河南志卷三作「一百三十步」。

〔五一〕門内即圓璧城　「内」諸本並無，以意補。「圓」諸本並譌作「員」，據上文改。「璧」原作「壁」，從粵雅堂、説郛本及禁扁卷五改。

元年夏五月，築西苑，周二百里。其内造十六院，屈曲周遶龍鱗渠〔一〕。其第一延光院，第二明彩院，第三含香院〔二〕，第四承華院〔三〕，第五凝暉院，第六麗景院，第七飛英院，第八流芳院，第九曜儀院〔四〕，第十結綺院，第十一百福院，第十二萬善院〔五〕，第十三長春院，第十四永樂院，第十五清暑院，第十六明德院。□置四品夫人十六人，各主一院。庭植名花，秋冬即翦彩爲之，色渝則改著新者。其池沼之内，冬月亦翦彩爲芰荷。每院開東、西、南三門，門並臨龍鱗渠。渠面闊二十步，上跨飛橋。過橋百步，即種楊柳修竹，四面鬱茂，名花美草，隱映軒陛。其中有逍遥亭，八面合成〔六〕，結構之麗〔七〕，冠絶今古。其十六院，例相倣斆。每院各置一屯，屯即用院名名之〔八〕。屯别置正一人〔九〕，副二人，並用宫人爲之。其屯内備養芻豢，穿池養魚，爲園種疏，植瓜果，四時餚膳，水陸之産，靡所不有。其外遊觀之處，復有數十，或泛輕舟畫舸，習采菱之歌；或昇飛橋閣道，奏春遊之曲。苑内造山爲海，周十餘里，水深數丈。其中有方丈、蓬萊、瀛洲諸山，相去各三百步〔一〇〕，山高出水百餘尺。上有通真觀、集靈臺〔一一〕、總仙宫，分在諸山。風亭月觀，皆以機成，或起或滅，若有神變。海北有龍鱗渠，屈曲周遶十六院入海。海東有曲水池，其間有曲水殿，上巳禊飲之所。每秋八月月明之夜，帝引宫人三五十騎，人定之後，開閶闔門入西苑，歌管達曙〔一二〕，□諸府寺，因乃置清夜遊之曲數十首。初，衛尉卿劉權、秘書丞韋萬頃總監築宫城，一時布兵夫周市四面，有七十萬人。城周市兩重，延袤三十餘里，高四十七尺〔一三〕，六十日成。其内諸殿基及諸牆院又役十餘萬人。直東都土工監常役八十餘萬人，其木工、瓦工、金工、石工又役十餘萬人。河南郡在宣範里，西北去宫城七里。河南縣在政化里，去宫城八里，在天津街西。洛陽縣在德茂里，宣仁門道北，西去宫城六里。大同市週四里，在河南縣西一里〔一四〕。出上春門，傍羅城南行四百步，至漕渠，傍渠西行三里，至通遠橋。橋跨漕渠，橋南即入通遠市。二十門分路入市，市東合漕渠。市周六里，其内郡國舟船舳艫萬計。市南臨洛水，跨水有臨寰橋。橋南二里，有豐都市，周八里，通門十二。其内一百二十行，三千餘肆，甍宇齊平，四望一如，榆柳交陰，通渠相注〔一五〕。市四壁有四百餘店，重樓延閣，互相臨映〔一六〕。招致商旅，珍奇山積。出上春門，東十二里，有亭子宫。宫南臨漕渠，東臨積潤池〔一七〕。池東二十里，有華林園，備池塘臨玩之處。建國門西南十二里，有景華宫〔一八〕。宫内有含景殿及射堂、樓觀、池隍。十餘里有甘泉宫，一名阜澗宫〔一九〕，周十餘里。宫北通西苑，其内多山阜，崇峰曲澗，秀麗標奇。其中有閬風亭、麗日亭、棲霞觀、行雨臺、清暑殿，〔南有通仙飛橋〕、百尺磵、青蓮峰，〔峰上有翠微亭〕，遊賞之美，於斯爲最。大業元年春，遷都未成，敕内史舍人封德彝於此置宫。又敕揚州總管府長史王弘大修江都宫。又於楊子造臨江宫，内有凝暉殿及諸堂隍十餘所。又敕王弘於揚州造舟及樓船、水殿、朱航〔二〇〕、板艒、板舫、黄篾舫、平乘、艨艟輕舸等五千餘艘，八月方得成就。

校勘記

〔一〕周遶龍鱗渠　「遶」原無，據小史、説郛等本補。「渠」原作「溝」，據小史、説郛等本及下文「海北有龍鱗渠，屈曲周遶十六院」改。

〔二〕含香院　「含」原作「合」，據粵雅堂、説郛本及元河南志卷三改。

〔三〕承華院　「承」原空闕，據小史、説郛等本及元河南志卷三補。

〔四〕曜儀院　「曜」諸本並作「耀」，從元河南志卷三改。

〔五〕萬善院　「善」元河南志卷三同，説郛本作「壽」。

〔六〕八面　「八」小史、説郛等本作「四」。
〔七〕結構　原作「鮮華」，從説郛等本改。
〔八〕用院名名之　「用」原作「周」，據小史、説郛、粤雅堂等本改。上「名」原作「屯」，據説郛、粤雅堂等本改。
〔九〕正一人　「正」原脱，據小史、説郛等本補。
〔一〇〕三百步　「三」説郛本作「五」，元河南志卷三同作「三」。
〔一一〕通真觀集靈臺　「通」原作「道」，從小史、説郛、粤雅堂等本及元河南志卷三改。「集」元河南志卷三同，小史等本作「習」，當誤。「靈」元河南志卷三同，説郛本作「美」，當誤。
〔一二〕歌管達曙　「達曙」原空闕，據説郛等本補。
〔一三〕四十七尺　「四」元河南志卷三作「三」。
〔一四〕一里　「一」小史等本作「十」。案：河南縣治政化里，元河南志卷一作「寬政坊」，河南志又載植業坊隣寬政坊西，「大業六年徙大同市於此」。小史等本當誤。
〔一五〕通渠　「渠」小史等本作「衢」。
〔一六〕互相臨映　「互」原作「牙」，據小史、説郛等本改。

〔一七〕東臨積潤池　「東」，元河南志卷三作「北」。

〔一八〕景華宫　元河南志卷三作「淩波宫」，卷四又載隋有淩波宫、景華宫，並在西苑内，二者似非一宫，或有一誤；抑或宫本名景華，唐人避武后父諱所更名耶？俟考。

〔一九〕甘泉宫一名皁澗宫　「皁澗」原作「口潤」，説郛等本作「芳潤」。案元河南志卷三：「皁澗宫别名甘泉宫」，又通鑑卷一八〇大業元年三月，「敕宇文愷與内史舍人封德彝等營顯仁宫，南接皁澗，北跨洛濱」，隋書卷三煬帝紀上、卷二四食貨志亦並云「於皁澗營顯仁宫」。水經洛水注載：「洛水又東，逕宜陽縣故城南，……又東，黑澗水南出陸渾西山，歷於黑澗，西北入洛。」皁、黑意同，胡三省通鑑注即引水經注黑澗釋皁澗，是則皁澗即黑澗，元河南志「皁澗」蓋「皁澗」形譌。又禁扁卷一：「顯仁宫一名藻澗宫，大業元年作於洛陽壽安縣。」「藻澗」應爲「皁澗」音譌，封德彝營顯仁宫與本書下文置甘泉（皁澗）宫應爲一事，皁澗宫當以「南接皁澗」名，十萬卷樓、説郛諸本之「潤」乃「澗」之形譌，「芳」或妄補。

〔二〇〕水殿朱航　「朱航」原作「水杭」，「水殿」下原校：「一作米」。説郛、粤雅堂等本「水殿」下無原校，「朱航」作「水航」，説郛本原校云：「一作朱。」案：本書下文有小朱航、大朱航，故從説郛本。

九月，車駕幸江都宫。發藻澗宫，日暮宿平樂園頓〔一〕。自漕渠口，下乘小朱航，行次洛口，御龍舟，皇后御翔螭舟。其龍舟高四十五尺，闊五十尺，長二百尺〔二〕。四重，上一重有正殿、内殿、東、西朝堂，周以軒廊。中二重有一百六十房〔三〕，皆飭以丹粉，裝以金碧珠翠，雕鏤奇麗，綴以流蘇羽葆〔四〕、朱絲網絡。下一重安長秋内侍及乘舟水手〔五〕。以青絲大絛繩六條，兩岸引進。其引船人並名殿脚〔六〕，一千八十人，並著雜錦綵裝襖子、行纏、鞋韈等，每繩一條百八十人〔七〕，分爲三番，每一番引舟有三百六十人，其人並取江淮以南少壯者爲之。皇后御次水殿，名翔螭舟，制度差小，而裝飾無異〔八〕。其殿脚有九百人。又有小水殿九，名浮景舟，並三重，朱絲網絡。已下殿脚爲兩番，一艘一番一百人。諸嬪妃所乘。又有大朱航三十六艘〔九〕，名漾彩舟，並兩重，加網絡，貴人、美人及十六夫人所乘。每一艘一番殿脚百人。又有朱鳥航二十四艘，蒼螭航二十四艘，白虎航二十四艘，玄武航二十四艘，並兩重。其駕船人名爲船脚，爲兩番，一艘一番六十人。又有飛羽舫六十艘，一重，一艘一番四十人。又有青鳧舸十艘，淩波舸十艘，宫人習水者乘之，往來供脚〔一〇〕。已上殿脚及船脚四萬餘人。有五樓船五十二艘，諸王、公主及三品以上坐〔一一〕，給黄衣夫，艘别四十人。三樓船一百二十艘，四品官人及四道場、玄壇僧尼、道士坐，給黄衣夫，船别三十人。又有二樓船二百五十艘〔一二〕，五品已上及諸國番官乘，黄衣夫船别二十五人。板艓二百艘〔一三〕，載羽儀服飾、百官供奉之物，黄衣夫船别二十人。黄篾舫二千艘，六品已下、九品以上從官並及五品已上家口坐〔一四〕，並船别給黄衣夫十五人。已上黄衣夫四萬餘人。又有平乘五百艘，青龍五百艘，艨艟五百艘，艚艓五百艘〔一五〕，八櫂舸二百艘〔一六〕，艀艋舸二百艘，並十二衛兵所乘，並載兵器帳幕，兵士自引〔一七〕，不給夫。發洛口，部五十日乃盡，舳艫相繼二百餘里，照耀川陸〔一八〕。騎兵翊兩岸二十餘萬，旌旗蔽野〔一九〕。每行次諸部界，五百里之内，競造食獻，多者一州百舁，極水陸珍奇。後宫厭飫，將發之際，多棄埋之〔二〇〕。

於時天下豐樂，雖此差科，未足爲苦。文武百司並從，別有步騎十餘萬，夾兩岸翊舟而行。大駕羽衛有行漏車、鐘車、鼓車〔三〕。

校勘記

〔一〕日暮　二字原無，從唐宋等本補。

〔二〕二百尺　「尺」通鑑卷一八〇作「丈」，類説卷四所引雜記同作「尺」，「二百丈」，不從。案：據通鑑考異，通鑑卷一八〇載大業元年八月煬帝幸江都事乃依自大業雜記，今取以校補。

〔三〕中二重有一百六十房　「二重」，類説卷四引作「一重」。「一百六十房」，類説引雜記同，通鑑卷一八〇作「百二十房」，應誤。

〔四〕綴以流蘇羽葆　「綴」原作「加」，從説郛等本改。

〔五〕安長秋内侍　「安」諸本並無，據類説卷四引文補。

〔六〕並名殿脚　「並」原作「普」，從小史等本改。

〔七〕百八十人　原作「八十人」。案：下文云每繩挽舟人分爲三番，六繩合計每番三百六十人，是則每繩每番應爲六十人，三番計一百八十人。此據小史、粤雅堂等本改。

〔八〕制度差小而裝飾無異　二句原無，據通鑑卷一八〇補。

〔九〕三十六艘　「艘」原無，據小史本補。

〔一〇〕往來供腳　「腳」，原校：「一作奉」。

〔一一〕三品以上坐　「上」諸本並作「下」。案：下文云三樓船乃四品官人所乘，故此「下」當爲「上」譌，徑改。

〔一二〕二樓船　「船」原無，據説郛、小史等本補。

〔一三〕板鶣　「鶣」諸本並作「榻」，從上文徑改。

〔一四〕九品以上從官並及五品以上家口坐　「從官」下原有「坐」字，從説郛等本删。

〔一五〕艚艓　「艓」小史本作「舟」，通鑑卷一八〇同作「艓」。

〔一六〕八櫂舸　「櫂」原作「擢」，從説郛、粤雅堂等本及通鑑卷一八〇改。

〔一七〕兵士自引　「引」諸本並作「乘」，據通鑑卷一八〇改。

〔一八〕照耀川陸　此句諸本並無，據通鑑卷一八〇補。

〔一九〕旌旗蔽野　此句諸本並無，據通鑑卷一八〇補。

〔二〇〕自「極水陸珍奇」至「多棄埋之」四句，諸本並無，據通鑑卷一八〇補。

〔二一〕自「大駕羽衛」至「鼓車」句，諸本並無，據事物紀原卷二補。此句年代不詳，姑繫此。

冬十月，車駕至江都。

十二月，置城皋關於武牢城西邊黄河、汜水之上。

二年正月，帝御成象殿，大會〔一〕。設庭燎於江都門，朝諸侯成象殿，即江都宫正殿。殿南有成象門，門南即江都門。

二月，大駕出楊子，幸臨江宫，大會。賜百僚赤錢，於凝暉殿蒲戲爲樂。

四月，敕土工監丞任洪則開東都漕渠，自宫城南承福門外分洛水〔二〕，東至偃師入洛，名通遠渠〔三〕。又迮洛水湍淺之處，名千步陂，渚兩磧東至洛口〔四〕，通大船入通遠市。

五月，敕江南諸州科上户分房入東都住〔五〕，名爲部京户，六千餘家〔六〕。

六月，學士秘書監柳顧言、學士著作佐郎王曹等撰長洲玉鏡一部，四百卷。帝謂顧言曰：「此書源本出自華林徧略〔七〕，然無復可加，事當典要。其卷雖少，其事乃多於徧略。」對曰：「梁主以隱士劉孝標撰類苑一百二十卷，自言天下之事畢盡此書，無一物遺漏，梁武心不伏，即敕華林園學士七百餘人，人撰一卷，其事數倍多於類苑〔八〕。今文□又富梁朝，是以取事多於徧略。然梁朝學士取事，意各不同，至如『寶劍出自昆吾溪，照人如照水，切玉如切泥』，序劍者盡録爲劍事，序溪者亦取爲溪事，撰玉者亦編爲玉事，以此重出，是以卷多。至如玉鏡則不然。」帝曰：「誠如卿説。」

七月，自江都還洛陽。敕於汾州西北四十里，臨汾水起汾陽宮，即管涔山汾河源所出之處〔九〕。當盛暑日〔一〇〕，臨河盥漱，即涼風凜然，如八月九月〔一一〕。宮南五十餘里，有分水嶺，上四十里，下亦四十里。嶺上有泉出，兩邊分流，闊數步。宮北三十里，即是舊秦時長城也。宮南北平林率是大樺木〔一二〕，高百餘尺，行從文武皆剥取皮覆菴舍。汾陽宫所出名藥數十種〔一三〕，附子、天雄並精好堪用。

道士潘誕言能合不死之藥，帝乃於嵩山造館，名嵩陽館。八年金丹不成，斬之。

八月〔一四〕，信都獻仲思棗四百枚，棗長四寸，圍五寸〔一五〕，紫色，細文，皮縐〔一六〕，細核〔一七〕，實肥有味〔一八〕，勝如青州棗。北齊時有仙人仲思得此棗種之，亦名仙棗，時海内唯有數樹。

九月，改三侍爲三衛，親衛六品，勳衛七品，翊衛八品。又置左、右十二衛府官，有大將軍，從三品；將軍，從四品〔一九〕；虎賁郎將二人，從四品；虎牙郎將二人，從四品〔二〇〕；鷹揚郎將、鷹擊郎將各四人，並從五品。又改侍官爲熊渠、豹騎、旄頭、羽儀。又改武候府爲候衛府。

校勘記

〔一〕大會 「大」原作「元」，從説郛等本改。

〔二〕承福門外　「外」諸本並無，據元河南志卷三補。

〔三〕名通遠渠　此句諸本並無，據元河南志卷三補。

〔四〕渚兩磧　文意欠明，似有誤。「渚」諸本並空闕，據元河南志卷三補。

〔五〕敕江南諸州　「敕」原空闕，據小史、説郛等本補。

〔六〕六千餘家　「千」原空闕，據小史、説郛等本補。

〔七〕華林徧略　「徧」原作「編」。案：唐志作「編略」，隋志、日本國見在書目録、新唐志、北齊書祖珽傳、南史、河思澄傳及藝文類聚等則並作「徧略」，此從粵雅堂本改，下同。

〔八〕其事數倍多於類苑　粵雅堂本「數」下增一「類」字。

〔九〕管涔山汾河源　「汾」諸本並無。案：御覽卷一七三引隋圖經曰：「汾陽宫即管涔山汾河源所出之處。」雜記下文亦云：「（汾陽）宫所即汾河之源。」今據補「汾」字。

〔一〇〕當盛暑日　「日」小史等本作「月」。

〔一一〕如八月九月　上「月」小史、説郛等本無。

〔一二〕宫南北平林　自此句至「行從文武皆剥取皮覆菴舍」，據御覽卷九六一補。「北」原作「外」，徑改。

〔三〕汾陽宫所出名藥　自此句至「並精好堪用」，據御覽卷九九〇補。「出」上宋本有「甚」字，從鮑本删。

〔四〕八月　自此句至「時海内唯有數樹」，據御覽卷九六五補。

〔五〕圍五寸　宋本「圍」原倒在「五寸」下，從鮑本改。

〔六〕皮縐　「皮」原作「文」，從廣記卷四一〇仲思棗條改。

〔七〕細核　「細」原無，作「核肥有味」，與下連讀，據廣記卷四一〇仲思棗條改。

〔八〕實肥有味　「實」原無，據廣記卷四一〇仲思棗條補。

〔九〕從四品　「從」原作「坐」，據指海本改。

〔一〇〕虎賁郎將……虎牙郎將　「虎」原並作「武」，爲避唐諱改，今改回。

三年，帝御崇德殿，不怡，曰：「先朝不甚御此殿〔二〕，宜於此館之西别爲一殿。」因乃造承乾殿，後改爲毓德殿。在京師。

行次金城郡，党項羌首朝見。帝問曰：「古有先零、燒當等種落，爾是何者之後？」對曰：「相傳獮猴之後。」帝笑之。至浩亹川〔二〕，橋成乃行。先是帝幸啓民帳時造行城，周二千步，高二十餘丈〔三〕。□造觀風行殿〔四〕，三間兩廈，丹柱素壁，雕梁綺棟，一日之内，嶷然峙立。夷人見此，莫不驚駭，以爲神異。

六月，敕開永濟渠，引沁水入河，又自沁水東北開渠〔五〕，合渠水至於涿郡二千餘里，通龍舟。

十月，敕河北諸郡送工藝户陪東都，三千餘家。於建陽門東道北置十二坊〔六〕，北臨洛水〔七〕，給藝户居住。

十二月，改天下州爲郡。郡置贊治，五品；丞，六品。

南海郡送一僧，名法喜，帝令宮内安置。於時内造一堂新成，師忽升堂觀看，因驚走下堦，迴顧云：「幾壓殺我。」其日中夜，天大雨，堂崩，壓殺數十人。其後又於宮内環走，索羊頭，帝聞而惡之，以爲狂言，命鏁著一室。數日，三衛於市見師，還奏云：「法喜在市内慢行。」敕責所司檢驗所禁之處，門鏁如舊，守者亦云師在室内，於是開户入室。見袈裟覆一叢白骨，鏁在項骨之上。以狀奏聞，敕遣長史王恒驗之，皆然。帝由是始信非常人也，敕令勿驚動。至日暮，師還室内，或語或笑。守門者奏聞，敕所司脱鏁，放師出外，隨意所適。有時一日之中凡數十處齋供，師皆赴會，在在見之，其間亦飲酒噉肉。俄而見身有疾，常臥牀，去薦蓆，令人於牀下鋪炭火，甚熱，數日而命終。火炙半身，皆焦爛。葬於香山寺。至大業四年，南海郡奏云：「法喜見還在郡。」敕開棺視之，則無所有。〔八〕

校勘記

〔一〕不甚御此殿　「甚」小史等本作「時」。

〔二〕浩亹川　「亹」諸本並作「澄」。案隋書卷三煬帝紀上，大業五年五月丙戌「梁浩亹」；漢志金城郡浩亹縣有「浩亹水出西塞外，東至允吾入湟水」。今據改。

〔三〕自「帝幸啓民帳」至「高二十餘丈」，據通鑑卷一八一考異補。

〔四〕□造觀風行殿　「造」上空格小史、説郛等本無。

〔五〕引沁水入河又自沁水東北開渠　「沁」諸本並作「汾」，原校云：「一作沁」。案：汾水與永濟渠無涉，今從另本。

〔六〕置十二坊　「置」諸本並空闕，據通鑑卷一八四補。又「河北諸郡」通鑑作「河南諸郡」。

〔七〕北臨洛水　「北」原作「此」，據粤雅堂本改。

〔八〕此段據廣記卷九一法喜條補。案：此條原屬年月不詳，内有「至大業四年」語，當在大業四年前，姑繫此。

四年二月，自京師還東都。造天經、仙都二宫。

夏四月，征林邑國兵還，至獲彼國，得雜香、真檀、象牙百餘萬斤，沉香二千餘斤〔一〕。南海林邑有大蚌盈車〔二〕，明珠至寸不以爲貴，國人不采。

五月，帝將北巡，發自東都。江東送百葉桃樹四株，敕付西苑種。其花似蓮花而小，花有十餘重，重有七八葉，大於尋常桃花〔三〕。

九月，自塞北還至東都。改胡牀爲交牀，改胡瓜爲白露黄瓜，改茄子爲崑崙紫瓜。

梁郡有清泠淵水〔四〕，面闊二里許〔五〕，即衛平得大龜之處〔六〕。清泠水南有横瀆，東南至宕山縣西北，入通濟渠。是時大雨〔七〕，溝渠皆滿，忽有大魚，似鯉而頭一角，長尺餘，鱗正赤，從清泠水出，頭長三尺許，入横瀆，逆流西北十餘里不没，入通濟渠。於時夾兩岸隨看者數百人，皆謂赤龍大鯉從淵而出。此亦唐祚將興之兆。

校勘記

〔一〕自「夏四月」至「沉香二千餘斤」，據御覽卷九八二補。

〔二〕南海林邑　自此句至「國人不采」，據御覽卷九四一補。「海」宋本作「方」，從鮑本改。

〔三〕此段據御覽卷九六七補。

〔四〕梁郡有清泠淵水　此段據御覽卷九三六補。晁本此處删削甚多，且頗有謬譌。「泠」十萬卷樓、小史、説郛等晁本同，鮑本並指海晁本作「洽」，元和郡縣志卷七亦作「清泠池」。

〔五〕面闊二里許　「面」晁本作「周」，小史晁本「闊」作「圍」。

〔六〕大龜「大」十萬卷樓等晁本同，小史、説郛等晁本作「火」。案：衛平得龜事見龜策列傳，據此，當作「大」。

〔七〕是時大雨「大」鮑本作「多」。

五年，吴郡送扶芳二百樹。其樹蔓生，纏繞它樹，葉圓而厚，淩冬不凋。夏月取其葉，微火炙使香，煑以飲，碧渌色〔二〕，香甚美，令人不渴。先有籌禪師，甚妙醫術〔二〕，仁壽間常在内供養，造五色飲。以扶芳葉爲青飲，拔楔根爲赤飲，酪漿爲白飲，烏梅漿爲玄飲，江笙爲黄飲〔三〕。又作五香飲，第一沉香飲，次丁香飲，次檀香飲，次澤蘭香飲，次甘松香飲，皆有别法〔四〕，以香爲主〔五〕，更加别藥，有味而止渴，兼於補益〔六〕。帝宴秘書少監諸葛潁於觀文殿〔七〕，帝分御杯以賜潁，乃曰：「朕昔有籌禪師，爲之合諸藥，總納一竹筒内，取以帽簪插筒藥中，七日乃拔取，以對賓客飲酒。盃至，取簪以畫酒，中斷，飲一邊盡，一邊尚滿，以勸賓客。觀者皆以爲大聖稀有之事。」尚食直長謝諷造淮南王食經〔八〕，有四時飲。春有扶芳飲、桂飲、江笙飲〔九〕、竹葉飲、薺苨飲、桃花飲，夏有酪飲、烏梅飲、加蜜沙糖飲、薑飲、加蜜穀葉飲、皁李飲、麻飲、麥飲，秋有蓮房飲、瓜飲、香茅飲、加沙糖茶飲、麥門冬飲、葛花飲、檳榔飲，冬有茶飲、白草飲〔一〇〕、枸杞飲、人參飲、茗飲、魚荏飲、蘇子飲，並加米糒。

尚書令楊素於東都造宅，新成，僭於宫省。宅方三百步，門院五重，高齋曲池，時爲冠絶。既而將入，遣人就衛尉少卿蘭陵蕭吉，請擇良日。吉知其不終，必致禍敗，在於此宅，乃以斗加書一卷，封付使人。此書全述死喪之事，極凶惡之書也，素焚於前庭。素宅内造沉香堂，甚精麗〔一一〕，新泥堂訖，閉之三日〔一二〕，後開視，四壁並爲新血所灑，腥氣觸人。初，太子之遘疾也，時與楊素同在侍宴，帝既深忌於素，並起二巵同至，傳酒者不悟是藥酒，錯進太子，既飲三日而毒發，下血二斗餘。宫人聞素平常，始知毒酒誤飲太子，秘不敢言。太子知之，歎曰：「豈意代楊素死乎？」命也！」數日而薨。後素亦竟以毒斃〔一三〕。有人嘗夢鳳鳥集手上，深以爲善徵，往詣蕭吉占之。吉曰：「此極不祥之夢。」夢者恨之，而以爲妄言。後十餘日，夢者母死，遣所親往問吉所以。吉云：「鳳鳥非梧桐不棲，非竹實不食，所以止君手上者，手中有桐竹之象。禮云：『苴杖竹也，削杖桐也。』是知必有重憂耳。」〔一四〕

吏部侍郎楊恭仁欲改葬，學士舒綽曰：「此所擬之處，掘深五尺之外，亦有五穀，若得一穀，即是福德之地，公侯世世不絶。」恭仁即將綽向京〔一五〕，令人掘深七尺，得一穴，如五石甕大，有粟七八斗。此地經爲粟田，蟻運粟下入此穴。當時朝野之士以綽爲聖。〔一六〕

耿詢造渾儀成，進之。帝召太史令袁充、少府監何稠等檢驗，三辰度數，晝夜運轉，毫釐不差。帝甚嘉之，賜物一百段，欲用爲太史令。詢聞之，笑曰：「詢故未合得此官〔一七〕，六十四五，所不論耳，然得太史令即命終。」後宇文化及篡逆，詢爲太史令。詢知化及不識，謀欲歸唐，事覺被害，時年六十五。觀詢之藝能數術，蓋亦張

衡、郭璞之流。〔一八〕

二月，馬德儒奏孔雀爲鸞。〔一九〕

南方置北景、林邑、海陰三郡。北景在林邑南大海中，與海陰接境。其地東西一千餘里，南北三百餘里，海水四絶，北去大岸三百餘里。或云馬援鑄柱尚存。地暑熱，多大林，木高者數百尋。有金荆生於高山峻阜，大者十圍，盤屈瘤蹙，文如美錦，色豔於真金，中夏時有於海際得之，工人數用，甚精妙，貴於沉檀。〔二〇〕

校勘記

〔一〕碧渌色 「渌」説郛本作「緑」。

〔二〕甚妙醫術 四字諸本並無，據御覽卷九八二補。

〔三〕江笙 「笙」，原校云：「一作柱。」小史、説郛等本譌作「茥」，粤雅堂本譌作「笙」。案：江笙即江珧，分類東坡詩卷十三和蔣夔寄茶詩云：「金虀玉鱠飯炊雪，海螯江柱初脱泉。」「金虀玉鱠」和「海螯江柱」即並用雜記事。又類説卷四引文有原注云：「茥（笙），音桂（柱）。」

〔四〕皆有别法　「有别」御覽卷九八二引文互倒。

〔五〕以香爲主　御覽卷九八二引文此句上衍「以香爲法」四字。

〔六〕自「更加别藥」至「兼於補益」，據御覽卷九八二補。

〔七〕帝宴秘書少監諸葛頴　自此句至「觀者皆以爲大聖稀有之事」，據廣記卷七六籌禪師條補。此條所屬年月不詳，姑繫此。「頴」原作「潁」，據隋書本傳改，下同。

〔八〕淮南王食經　「王」原作「玉」，據隋志并小史、説郛等本改。

〔九〕江笙飲　「笙」原作「茥」，原校云：「一作柱。」參見前注〔三〕。

〔一〇〕白草飲　「草」，原校云：「一作革」。

〔一一〕甚精麗　自此句至「腥氣觸人」，據御覽卷九八二補，晁本文有删節。

〔一二〕閉之三日　「日」原作「月」，據晁本及類説卷四引文改。

〔一三〕自「初太子之遘疾也」至「後素亦竟以毒斃」，據通鑑卷一八〇考異補。此條原屬年月不詳，姑繫此。

〔一四〕自「有人嘗夢鳳鳥」至「必有重憂耳」，據廣記卷二七九蕭吉條補。原僅渾言「大業中」，姑繫此。

〔一五〕將綽向京　「京」鮑本作「東」。
〔一六〕此段據御覽卷八四〇補。原屬年月不詳，姑繫此。
〔一七〕未合得此官　「合」原脱，據新編分門古今類事卷一八引文補。
〔一八〕此段據廣記卷一四六耿詢條補。原屬年月不詳，新編分門古今類事卷一八引作，隋大業中，姑繫此。
〔一九〕此段據通鑑卷一八二考異補。
〔二〇〕此段據御覽卷九五九補。原繫大業五年，月份不詳，姑置此。

六年，吴郡貢白魚種子入洛京，敕付西苑内海中。以草把别遷，著水十數日即生小魚。取魚子法：候夏至前三五日，日暮時，白魚長四五尺者群集湖畔淺水中有菰蔣處，産子著菰蔣上。三更，産竟散去。漁人刈取草之有魚子著上者，曝乾爲把。故洛苑有白魚。〔一〕

吴郡獻海鮸乾鱠四瓶〔二〕，瓶容一斗，浸一斗可得徑尺盤十所〔三〕，並狀奏作乾鱠法。帝示群臣云：「昔術人介象於殿庭釣得海魚，此幻化耳，亦何足爲異。今日之鱠，乃是東海真魚所作〔四〕，來自數千里〔五〕，亦是一時奇味。」虞世基對曰：「術人之魚既幻，其鱠固亦不真。」即出數盤以賜達官〔六〕。作乾鱠之法：當五六月盛熱之日，於海取得鮸魚，大者長四五尺，鱗細而紫色，無細骨，不腥〔七〕。捕得之，即於海船之上作鱠。去其皮骨，取其精肉縷切，隨成隨曬。三四日，須極乾，以新白瓷瓶未經水者盛之，密封泥，勿令風入。經五六十日，不異新者。後取啖之時〔八〕，開，出乾鱠，以新布裹〔九〕，大甕盛水漬之〔一〇〕，三刻久，取出〔一一〕，帶布瀝卻水，則皦然矣〔一二〕。散置盤上，如新鱠無别。細切香菜葉鋪上〔一三〕，筯撥令調勻進之。海魚體性不腥，然鱕鮸魚肉軟而白色〔一四〕，經乾又和以青葉，皙然極可噉。又獻海蝦子三十梃〔一五〕，梃長一尺，闊一寸〔一六〕，厚一寸許，甚精美。作之法：先取海中白蝦有子者〔一七〕，每三五斗置密竹籃中，於大盆内以水淋洗，蝦子在蝦腹下，赤如覆盆子，則隨水從籃目中下。通計蝦一石，可得子五升。從盆内漉出，縫布作小袋子，如徑寸半竹大，長二尺，以蝦子滿之，急繫頭，隨袋多少，以末鹽封之，周厚數寸。經一日夜出曬，夜則平板壓之，明旦又出曬，夜如前壓〔一八〕。十日，乾，則拆破袋，出蝦子梃，色如赤琉璃，光徹而肥美，勝於鯔魚子數倍〔一九〕。又獻鮸魚含肚千頭，極精好。作之法：當六月七月盛熱之時，取鮸魚長二尺許，去鱗浄洗，停二日，待魚腹脹起，方從口抽出腸，去腮留目，滿腹納鹽竟，即以末鹽封周徧，厚數寸。經宿，乃以水浄洗，日則暴，夜則收還，安平板上，又以板置石壓之，明日又曬，夜還壓。如此五六日，乾，即納乾瓷甕，封口，經二十日出之。其皮色光徹，有如黄油；肉則如糗，又如沙棊之蘇者〔二〇〕，微醎而有味，味美於石首含肚。然石首含肚亦年常入獻，而肉彊不及。時有口味使大都督杜濟者作此等食法〔二一〕，以獻煬帝〔二二〕。濟，會稽人，能別味，善於鹽梅，亦古之符郎，今之謝諷也。又獻松江鱸魚乾鱠六瓶，瓶容一斗。作鱠法一同鮸魚，然作鱸魚鱠須八九月霜下之時收鱸魚三尺以下者作乾鱠。浸漬訖，布裹瀝水令盡，散置盤内，取香菜花葉〔二三〕，相間細切，和鱠撥令調勻。霜後鱸魚肉白如雪，不腥，所謂金虀玉鱠，東南之佳味也。紫花碧葉，間以素鱠，亦鮮潔可觀。吳郡又獻蜜蟹三千頭〔二四〕，作如糖蟹法；蜜擁劍四甕，擁劍似蟹而小，一螯偏大〔二五〕，吳都賦所謂烏賊擁劍是也〔二六〕。

四月，帝幸隴川宮避暑〔二七〕。

敕内史舍人竇威、起居舍人崔祖濬及龍川贊治侯衛等三十餘人撰區宇圖志一部〔二八〕，五百餘卷，新成，奏之。又著丹陽郡風俗，乃見以吳人爲東夷，度越禮義，及屬辭比事，全失修撰之意。帝不悦，遣内史舍人柳逵宣敕，責威等云：「昔漢末三方鼎立，大吳之國，已稱人物〔二九〕，故晉武帝云：『江東之有吳、會，猶江西之有汝、潁。』衣冠人物，千載一時。及永嘉之末，華夏衣纓，盡過江表，此乃天下之名都。自陳平之後〔三〇〕，碩學通儒，文人才子，莫非彼士〔三一〕。至爾等著其風俗，乃爲東夷之人，度越禮義，於爾等可乎？然於著述之體，又無次序，各賜杖一頓。」即日，敕遣秘書學士十八人修十郡志〔三二〕，内史侍郎虞世基總檢。於是世基先令學士各序一郡風俗，擬奏請體式。學士著作佐郎虞綽序京兆郡風俗，學士宣惠尉淩敬序河南郡風俗〔三三〕，學士宣德郎杜寶序吳郡風俗〔三四〕。四人先成，以簡呈世基〔三五〕。世基曰：「虞綽序京兆，文理俱贍，優博有餘，然非衆人之所能繼；淩敬論河南，雖文華才富，序事過繁；袁朗、杜寶吳、蜀二序不略不繁，文理相副。宜具狀以四序奏聞，去取聽敕。」及奏，帝曰：「學士修書，頗得人意，各賜帛二十段〔三六〕，付世基擇善用之。」世基乃鈔吳郡序付諸頭，以爲體式。及圖志第一副本新成，八百卷。奏之，帝以部秩太少，更遣子細重修，成一千二百卷，卷頭有圖。別造新樣紙卷，長二尺。敘山川則卷首有山水圖，敘郡國則卷首有郭邑圖，敘城隍則卷首有公館圖。其圖上山水城邑題書字極細，並用歐陽肅書，即率更令詢之長子，工於草隸〔三七〕，爲時所重。

十二月〔三八〕，敕開江南河，自京口至餘杭郡，八百餘里，水面闊十餘丈。又擬通龍舟，並置驛宮〔三九〕，草頓並足，欲東巡會稽。

校勘記

〔一〕此段據吴郡志卷三十補。原屬月份不詳，姑繫此。

〔二〕海鮸乾鱠四瓶　此段據廣記卷二三四吴饌條補。原屬月份不詳，姑繫此。「鮸」下御覽卷八六二引文有原注云：「音免」。「四瓶」，御覽卷八六二同，吴郡志卷三十引作「十四瓶」。

〔三〕徑尺盤十所　原作「徑尺數盤」，御覽卷八六二作「徑尺面盤」，此據吴郡志卷三十改。

〔四〕東海真魚　原作「真海魚」，御覽卷八六二作「海真魚」，此據吴郡志卷三十改。

〔五〕來自數千里　「來」御覽卷八六二作「求」。

〔六〕即出數盤以賜達官　「即」原無，據御覽卷八六二補。「達官」御覽卷八六二作「近臣」。

〔七〕不腥　「腥」下原有「者」，從御覽卷八六二删。

〔八〕後取啖之時　「後」原無，據御覽卷八六二補。

〔九〕以新布裹　「新」原無，據御覽卷八六二、吴郡志卷三十補。

〔一〇〕大甕盛水漬之　吴郡志卷三十作「大盆盛井底浸」。

〔一一〕取出　「取」原無，據御覽卷八六二補。

〔三〕則皦然矣　「矣」原無，據御覽卷八六二補。

〔三〕香菜葉　「菜」原作「柔」。案：香菜即香葇，徑改。

〔四〕然鱕鮸魚肉軟而白色　此句文意不明，疑有譌誤。

〔五〕三十梃　「三」吳郡志卷三十作「四」。

〔六〕一寸　「一」吳郡志卷三十作「二」。

〔七〕先取海中白蝦　「先」、「中」原並無，據吳郡志卷三十補。

〔八〕如前　「如」原作「以」。案：「以」當爲「如」形譌，徑改。

〔九〕勝於鯔魚子數倍　「勝」原作「鹽」，「子」原無。案：吳郡志卷三十作：蝦子梃「色如赤瑠璃，美勝鯖子」，吳郡志引文删節較甚，「美」當如廣記屬上句「光徹而肥美」；「鯖」當爲「鯔」之異書，非指貝類或鯽魚，今據改。

〔一〇〕如沙棊之蘇者　文意不明，疑有譌誤。

〔一一〕時有口味使大都督杜濟者作此等食法　此句原作「此法出自隨口味使大都督杜濟」。案：「隨口味使」云云與雜記體例牴牾，當出自後人改篡。此據吳郡志卷三十改，唯吳郡志亦非盡依原文，其「大都督」下有「會稽人」三字，與下廣記引文重複，徑删。

〔一二〕以獻煬帝　此句原無，據吴郡志卷三十補。

〔一三〕香葇　「葇」原作「柔」，徑改。參見前注〔一三〕。

〔一四〕三千頭　「三」御覽卷九四三、鮑本同，宋本作「二」。

〔一五〕一鼇偏大　「一」原作「二」，據御覽卷九四三改。

〔一六〕吴都賦　「都」原作「郡」，據御覽卷九四三改。

〔一七〕隴川宫　「隴」，禁扁卷一同，小史、説郛等本作「瀧」。

〔一八〕此段據御覽卷六〇二補。晁本此處節略甚多。

〔一九〕已稱人物　「已」原作「以」，從鮑本改。又和刻古今事文類聚别集卷二引作「以人物稱」。

〔二〇〕陳平之後　「陳平」原作「平陳」，從鮑本及和刻古今事文類聚别集卷二改。

〔二一〕莫非彼士　「士」原無，據和刻古今事文類聚别集卷二補。

〔二二〕敕遣秘書學士　「遣」原作「追」，據和刻古今事文類聚别集卷二改。

〔二三〕淩敬　「淩」原作「陵」，從和刻古今事文類聚别集卷二改。下同。

〔二四〕案：據下文，此處當佚袁朗序蜀郡風俗事。

〔二五〕以簡呈世基　「呈」原無，據鮑本補。

〔三六〕賜帛二十段　「帛」原作「物」，從和刻古今事文類聚別集卷二改。

〔三七〕工於草隸　「工」原作「攻」，據鮑本改。

〔三八〕十二月　三字原無，據小史、説郛等本補。

〔三九〕並置驛宮　「並置」小史等本無。

七年，始安郡獻桂蠹四瓶，瓶別一千頭。紫色，香辛有味，啖之去陰痰之疾。〔一〕

二月，初造釣臺之時，多運石者，將船兵丁，困弊於役，嗟歎之聲，聞於道路。時運石者將船至江東岸山下取石，累構爲釣臺之基，忽有大石如牛，十餘，自山頂飛下，直入船內，如人安置，船無傷損。〔二〕

六月〔三〕，東都永康門內會昌門東，生芝草百二十莖，散在地，周十步許。紫莖白頭，或白莖黑頭；或有枝，或無枝，亦有三枝如古出字者；地內根並如綿，大相連着。乾陽殿東東上閣前槐樹上生芝九莖，共本相扶而生，中莖最長，兩邊八莖相次而短，有如樓閣〔四〕，甚潔白。虎賁郎將段文操留守〔五〕，畫圖表奏。

九月〔六〕，太原郡有獻禾，一本三穗，長八尺，穗長三尺五寸，大尺圍，芒穗皆紫色，鮮明可愛〔七〕，自禾已上二尺餘亦紫色。有老人年八十餘，以素木匣盛之。賜物三十段，敕授嘉禾縣令〔八〕。

十二月〔九〕，朱寬征流仇國還〔一〇〕，獲男女口千餘人并雜物產，與中國多不同。緝木皮爲布，甚細白，幅闊三尺二寸。亦有細斑布，幅闊一尺許。

校勘記

〔一〕此段據御覽卷九四九補。原屬月份不詳，姑繫此。

〔二〕此段據廣記卷三七四釣臺石條補。

〔三〕此段據御覽九八六補。

〔四〕樓閣　廣記卷四一三載此條題「樓闕芒」，文中二字作「樹闕」。又類説卷四引作「樓闕」。

〔五〕虎賁郎將　「虎」原作「武」，爲避唐諱改，今改回。

〔六〕此段據御覽卷八三九補。
〔七〕鮮明可愛　「愛」原作「受」，據鮑本改
〔八〕敕授　「敕」原作「板」，據鮑本改。
〔九〕此段據御覽卷八二〇補。
〔一〇〕流仇國　「仇」鮑本作「球」。

八年七月，帝自涿郡還東都。〔一〕

十月，車駕幸涿郡，徵召兵馬，將遂度遼之功。〔二〕

十一月，宇文述等糧盡遁歸，高麗出兵邀截，亡失蕩盡。帝怒，敕所司鎖將隨行。無幾，斬劉士龍等於軍市，特赦述。〔三〕

帝征遼回〔四〕，次於柳城郡之望海鎮〔五〕。出步觀望，有大鳥二，素羽丹嘴，狀同鶴鷺，出自霄漢，翲翔雙下。高一丈四五尺，長八九尺，徘徊馴擾，翔舞御營。敕

著作佐郎虞綽製瑞鳥銘以進，上命鐫於其所。仍敕殿内丞閻毗圖寫其狀，秘書郎虞世南上瑞鳥頌，敕令寫於圖首。

校勘記

〔一〕此段據通鑑卷一八一考異補。

〔二〕此段據通鑑卷一八一考異補。

〔三〕此段據通鑑卷一八一考異補。

〔四〕此段據廣記卷四六三瑞鳥條補。原屬年月不詳，據隋書卷七六虞綽傳，煬帝征遼回見大鳥係大業八年首次征遼時事，故繫此。

〔五〕望海鎮　隋書卷七六虞綽傳作「臨海頓」，通鑑卷一八一大業八年八月作「望海頓」。

九年六月，（楊玄感圍東都，衛文昇與玄感戰）每戰刃纔接，官軍皆坐地棄甲，以白布裹頭，聽賊所掠。前後十二戰，皆不利〔一〕。

十二月，（王世充討元進，進敗亡。世充約其餘衆：降者不殺。及降）世充貪而無信，利在子女資財，並阬所首八千餘人於黃山之下〔二〕。

校勘記

〔一〕此段據通鑑卷一八二考異補。

〔二〕此段據通鑑卷一八二考異補。

十年〔一〕，總兵東進，幸北平臨渝宮〔二〕。是年正月，又以許公宇文述爲元帥，將兵十萬刻到鴨緑水。乙支文德遣行人僞請降以緩我師；又求與述相見，以觀我軍形勢。述與之歡飲，良久乃去。停五日，王師食盡，燒甲札食之，病不能興。文德乃縱兵大戰。敗績，死者十餘萬。〔三〕

四月〔四〕，車駕幸汾陽宮避暑。宮所即汾河之源，上有山名管涔〔五〕，高可千仞。帝於山上造亭子十二所〔六〕，其最上名翠微亭，次閬風、彩霞、臨月、飛芳、積翠、合璧〔七〕、含暉、凝碧、紫巖、澄景，最下名尚陽亭。亭子内皆縱廣二丈，四邊安劍闌，每亭鋪六尺榻子一合。山下又有臨汾殿，敕從官縱觀。

弘農郡太守蔡王以國忌日於弘敬寺設齋〔八〕，忽有黑雲甚密，從東北而上，正臨佛殿，雲中隱隱雷鳴。官屬猶未行香，並在殿前聚立仰看。見兩童子赤衣，兩童子青衣，俱從雲中下來。赤衣二童子先至殿西南角柱下，抽出一白蛇，身長丈餘，仰擲雲中，雷聲漸漸大而下來。少選之間，向白蛇從雲中直下，還入所出柱下，於是雲氣轉低着地。青衣童子乃下就柱〔九〕，一人捧殿柱，離地數寸，一童子從下又拔出一白蛇，長二丈許，仰擲雲中。於是四童子亦一時騰上，入雲而去。雲氣稍高，布散遍天。至夜，雷雨大霪，至晚方霽。後看殿柱根，乃蹉半寸許，不當本處。寺僧謂此柱腹空，乃鑿柱至心，其内果空，爲龍之所藏隱〔一〇〕。

製成新書凡三十一部，總一萬七千餘卷，入觀文殿寶廚。初，欲遷都洛陽，移京師嘉則殿書三十七萬卷，大業元年，敕柳顧言等入嘉則殿簡次〔一一〕。令造觀文殿，前兩廂爲書堂，各十二間，堂前通爲閣道，承殿。每一間十二寶廚，前後方五香重牀〔一二〕，亦裝以金玉，春夏鋪九曲象簟〔一三〕，秋設鳳紋綾花褥〔一四〕，冬則加綿裝須彌氈，帝幸書堂，或觀書。其十二間内，南北通爲閃電牕〔一五〕，零籠相望，雕刻之工，窮奇極之妙；金鋪玉題，綺井華榱，輝映溢目。每三間開一方户，户垂錦幔〔一六〕，上有二飛仙，當户地口施機，轝駕將至，則有宫人擎香爐，在轝前行，去户一丈，腳踐機發，仙人乃下閣，捧幔而昇，閣扇即開，書廚亦啓，若自然，皆一機之力，轝駕出，垂閉復常，諸房入户，式様如一。其所撰之書，屬辭比事，修貫有序，文略理暢，互相明發，及抄寫真正，文字之間無點竄之誤，裝翦華淨，可謂冠絶今古，曠世之名寶，自漢已來訖乎梁，文人才子諸所撰著無能及者。其新書之名，多是帝自製，每進一書，必加賞賜。

校勘記

〔一〕十年　説郛本作「十年冬」。

〔二〕臨渝宮　原作「榆林宮」，隋書、通鑑等並作「臨渝宮」，隋志北平郡盧龍縣「有臨渝宮」，今據改。

〔三〕自「是年正月」至「死者十餘萬」，據通鑑卷一八二考異補。司馬光案：「此蓋序八年事，誤在此耳。」

〔四〕此段據小史本補。

〔五〕山名管涔　「山名」原互倒，從指海本改。

〔六〕山上造亭子　「山上」原作「江山」，據説郛本改。

〔七〕飛芳積翠合璧　十二亭除「飛芳」外，並見禁扁卷三，禁扁别載有亭名「散芳」。「翠」，禁扁同，説郛本作「雪」。「璧」原作「壁」，從禁扁及説郛等本改。

〔八〕蔡王以國忌日於弘敬寺設齋　此段據廣記卷四一八蔡玉（王）條補。晁本此處删節較甚。「王」原作「玉」，十萬卷樓晁本作「王」。案：隋書卷四四蔡王智積傳載：「大業七年，授弘農郡太守。」故據十萬卷樓晁本改。「弘」原作「崇」，晁本作「弘」，「崇」當爲避唐諱改，今改回。

〔九〕就柱　「柱」原作「住」，當譌，徑改。

〔一〇〕爲龍之所藏隱　「之所」原無，從晁本補。

〔一一〕此下原有「此□第一本」並小注「後缺」，疑非雜記文，乃鈔録者所附，徑删。此下至「必加賞賜」，據廣記卷二二六觀文殿條補。

〔一二〕前後方　「後」原作「設」，從元河南志卷三改。

〔一三〕九曲象簟　「曲」元河南志卷三作「尺」。

〔一四〕鳳紋綾　「紋」原無，從元河南志卷三補。

〔一五〕閃電牕　元河南志卷三作「脥霓窗」。

〔一六〕錦幔　「幔」元河南志卷三作「幰」。

十一年六月，突厥賊入嵐城鎮抄掠，遣范安貴討擊之，王師敗績，安貴死，百司震懼。〔一〕

七月，帝幸鴈門，先至天池，值雨，山谷泥深二尺，從官狼狽，帳幕多不至，一夜並露坐雨中，至曉多死，宫人無食，貸精衛士。〔二〕

校勘記

〔一〕此段據通鑑卷一八二考異補。

〔二〕此段據通鑑卷一八二考異補。

十二年春正月〔一〕，又敕毗陵郡通守路道德集十郡兵近數萬人，於郡東南置宫苑，周十二里，其中有離宫十六所〔二〕。其流觴曲水，别有涼殿四所，環以清流。共四殿，一曰圓基，二曰結綺，三曰飛宇〔三〕，四曰漏景。其十六宫亦以殿名名宫，芳夏池之左第一曰離光宫〔四〕，二曰流英宫，三曰紫芝宫，四曰凝華宫〔五〕，五曰瑶景宫〔六〕，六曰浮彩宫，七曰舒芳宫，八曰懿樂宫；池右第一曰彩璧宫〔七〕，二曰淑風宮〔八〕，三曰清暑宮〔九〕，四曰珠明宮〔一〇〕，五曰翼仙宮，六曰翠微宮，七曰層城宮〔一一〕，八曰千金宮。及江左叛，燔燒遂盡。又欲於禹穴造宮〔一二〕，未就而天下大亂。

帝別敕學士杜寶修水飾圖經十五卷〔一三〕，新成，以三月上巳日會群臣於曲水，以觀水飾。有神龜負八卦出河，進於伏犧。黄龍負圖出河；玄龜銜符出洛；太鱸魚銜籙圖出翠媯之水，並授黄帝。黄帝齋於玄扈，鳳鳥降於洛上。丹甲靈龜銜書出洛授蒼頡。堯與舜坐舟於河，鳳凰負圖，赤龍載圖出河，並授堯；龍馬銜甲文出河授舜。堯與舜遊河，值五老人。堯見四子於汾水之陽。舜漁於雷澤，陶於河濱。黄龍負黄符璽圖出河授舜。舜與百工相和而歌，魚躍於水。白面長人而魚身，捧河圖授禹，舞而入河。禹治水，應龍以尾畫地，導決水之所出，鑿龍門疏河。禹過江，黄龍負舟。玄夷蒼水使者授禹山海經，遇兩神女於泉上。帝天乙觀洛，黄魚雙躍，化爲黑玉赤文。姜嫄於河濱履巨人之跡；棄后稷於寒冰之上，鳥以翼薦而覆之。王坐靈沼，於牣魚躍。太子發度河，赤文白魚躍入王舟。武王渡孟津，操黄鉞以麾陽侯之波。成王舉舜禮，榮光幕河。穆天子奏鈞天樂於玄池；獵於滐津，獲玄貉白狐；觴西王母於瑶池之上；過九江，黿鼉爲梁。塗脩國獻昭王青鳳丹鵲，飲於浴溪。王子晉吹笙於伊水，鳳凰降。秦始皇入海，見海神。漢高祖隱芒碭山澤，上有紫雲。武帝泛樓船於汾河；遊昆明池，去大魚之鉤；遊洛，水神上明珠及龍髓。漢桓帝遊河，值青牛自河而出。曹瞞浴譙水，擊水蛟。魏文帝興師，臨河不濟。杜預造河橋成，晉武帝臨會，舉酒勸預。五馬浮渡江，一馬化爲龍。仙人酌醴泉之水。金人乘金船。蒼文玄龜銜書出洛；青龍負書出河，並進於周公。吕望釣磻溪得玉璜；又釣卞溪獲大鯉魚，腹中得兵鈐。齊桓公問愚公名。楚王渡江得萍實。秦昭王宴於河曲，金人捧水心劍造之。吴大帝臨釣臺望葛玄。劉備乘馬渡檀溪。澹臺子羽過江，兩龍夾舟〔一四〕。淄丘訴與水神戰。周處斬蛟。屈原遇漁父。卞隨投潁水。許由洗耳。趙簡子值津吏女。孔子值河浴女子。秋胡妻赴水。孔愉放龜。

莊、惠觀魚。鄭弘樵徑還風。趙炳張蓋過江。陽谷女子浴日。屈原沉汨羅水。巨靈開山。長鯨吞舟。若此等總七十二勢〔一五〕，皆刻木爲之，或乘舟，或乘山，或乘平洲，或乘磐石，或乘宫殿。木人長二尺許，衣以綺羅，裝以金碧，及作雜禽獸魚鳥，皆能運動如生，隨曲水而行。又間以妓航，與水飾相次。亦作十二航，航長一丈，闊六尺，木人奏音聲，擊磬撞鐘，彈箏鼓瑟，皆得成曲，及爲百戲，跳劍舞輪，昇竿擲繩，皆如生無異。其妓航水飾亦雕裝奇妙，周旋曲池，同以水機使之，奇幻之異，出於意表。又作小舸子，長八尺，七艘；木人，長二尺許，乘此船以行酒。每一船一人擎酒盃立於船頭，一人捧酒鉢次立，一人撐船在船後，二人盪槳在中央。遶曲水池迴曲之處各坐侍宴賓客，其行酒船隨岸而行，行疾於水飾，水飾行遶池一匝，酒船得三遍，乃得同止。酒船每到坐客之處即停住，擎酒木人於船頭伸手，遇酒，客取酒飲訖，還杯，木人受杯，迴身向酒鉢之人取杓斟酒滿杯，船依式自行，每到坐客處，例皆如前法。此並約岸水中安機。如斯之妙，皆出自黄衮之思。寶時奉敕撰水飾圖經及檢校良工圖畫，既成奏進，敕遣寶共黄衮相知，於苑内造此水飾，故得委悉見之。衮之巧性，今古罕儔。

四月，南海郡送都念子樹百株，敕付西苑十六院内種。此樹高一丈許，葉如白楊，枝柯長細，花心金色，花葉正赤，似蜀葵而大，其子小於柿子，甘酸至美，蜜漬爲粽益佳。〔一六〕

吴郡獻鯉腴鮭〔一七〕，其純以鯉腴爲之，一瓶用魚四五百頭，味過鱣鮪。

帝將幸江都〔一八〕，越王侗留守東都〔一九〕，宫女半不隨駕，争泣留帝，攀車惜别，指血染鞅。帝不迴，因飛白題二十字留賜宫妓云：「我夢江都好，征遼亦偶然。但留顔色在，離别只今年。」

十二月，修丹陽宫，欲東巡會稽等郡，群臣皆不欲。〔二〇〕

校勘記

〔一〕此段據小史本補。

〔二〕離宫「離」原作「驪」，據小史等本改。

〔三〕飛宇「宇」禁扁卷二同，原校云：「一作雨。」

〔四〕第一曰離光宫「第」原無，據下文芳夏池右「第一曰彩璧宫」例補。「離光」原作「驪光」，説郛本作「驪仙」，此從禁扁卷一改。

〔五〕凝華宫「華」原作「畢」，據禁扁卷一改。

〔六〕瑶景宫「瑶」禁扁卷一作「摇」。

〔七〕池右第一曰彩璧宫「池」原無，從説郛本補，「右」原作「左」，據説郛本改。「彩璧」原作「採璧」，説郛本作「乘碧」，此從禁扁卷一改。

〔八〕淑風宫「淑風」原作「椒房」，原校云：「一曰風宫。」案：毗陵十六宫俱以雙字名，原校宫名應佚一字，禁扁卷一作「淑風宫」，當是，今從之。

〔九〕清暑宫「清暑」原作「朝霞」，原校云：「一作清暑。」從禁扁卷一改。

〔一〇〕珠明宫　「珠」説郛本并禁扁卷一作「朱」。

〔一一〕層城宫　「城」原作「成」，從説郛本并禁扁卷一改。

〔一二〕禹穴　「穴」説郛本作「城」。

〔一三〕此段據廣記卷二二六水飾圖經條補。原屬年份不詳，通鑑卷一八三大業十二年載：「三月上巳，帝與群臣飲於西苑水上，命學士杜寶撰水飾圖經，采上古水事七十二，使朝散大夫黄袞以木爲之，間以妓航、酒船，人物自動如生，鐘磬箏瑟，能成音曲。」通鑑文當采自雜記，故繫此。

〔一四〕子羽過江兩龍夾舟　案：博物志卷七異聞、水經河水注並載有澹臺子羽賫璧渡河，兩蛟夾舟事，疑此「江」爲「河」譌，「龍」爲「蛟」譌。

〔一五〕七十二勢　「勢」類説卷四引作「事」。

〔一六〕此段據御覽卷九六一補。

〔一七〕鯉腴鮭　此段據吴郡志卷三〇補。原屬月份不詳，姑繫此。

〔一八〕此段據御覽卷七四九補。原屬年月不詳，隋書卷四煬帝紀載煬帝幸江都而不返於大業十二年七月，姑從之繫此。

〔一九〕越王侗　原作「越王侑」。案：侑乃代王，隋書卷四煬帝紀下、卷五九越王侗傳並載以越王侗爲留守，今據改。

〔二〇〕此段據小史本補。

十三年二月，（李）密稱魏公，改年，於時（興洛）倉猶自固守。既而密遣翟讓將兵夜襲倉城，官軍擊退之；明日，又引衆攻倉，連戰三日，陷外城，官軍猶捉子城。月餘，外援不至，城盡陷没，死者十六七。〔一〕

密遣格謙將兵燒豐都市。〔二〕

三月，越王侗教募力，捉宫城守固，官賞有差，撤天津等諸橋，運迴洛倉米入城。〔三〕

四月，密攻偃師，圍金墉，東都兵出，密還洛口。〔四〕

（王）世充帥淮南兵萬人援東都。世充行至彭城，懼密衆之盛，自以兵少不敵，乃間行，自黎陽濟河而至。〔五〕

五月，裴仁基翻虎牢入賊，自滎陽以東至陳、譙、下邳、彭城、梁郡皆屬密，賊衆逾盛，並家口百萬。〔六〕

七月，世充帥留守兵二萬擊密，無功。〔七〕

十二月，越王遣太常少卿韋霽等率留守兵三萬並受世充節度。〔八〕王辯縱等敗，衆軍亦潰，争橋赴水，死者太半，王辯縱等皆没，唯世充敗免，與數百騎奔大通城，敗兵得還者，於道遭大雨，凍死者六七十人。世充停留大通十餘日，懼罪不還。〔九〕

校勘記

〔一〕此段據通鑑卷一八三考異補。
〔二〕此段據通鑑卷一八三考異補。
〔三〕此段據通鑑卷一八三考異補。
〔四〕此段據通鑑卷一八三考異補。

〔五〕此段據通鑑卷一八四考異補。

〔六〕此段據通鑑卷一八三考異補。

〔七〕此段據通鑑卷一八四考異補。

〔八〕此段據通鑑卷一八五考異補。

〔九〕此段據通鑑卷一八五考異補。

十四年正月，越王遣世充兄世惲往大通慰諭，赦世充喪師之罪。〔一〕

校勘記

〔一〕此段據通鑑卷一八五考異補。

武德四年，東都平後，觀文殿寶廚新書八千許卷將載還京師，上官魏夢見煬帝，大叱云：「何因輒將我書向京師！」於時太府卿宋遵貴監運，東都調度，乃於陝州下書，著大船中，欲載往京師。於河值風覆没，一卷無遺。上官魏又夢見帝，喜云：「我已得書。」帝平存之日，愛惜書史，雖積如山丘，然一字不許外出。及崩亡之後，神道猶懷愛悋。按寶廚新書者，並大業所秘之書也。〔一〕

校勘記

〔一〕此段據廣記卷二八〇煬帝條補。